그림 사진 쏙쏙 세계사

쏙 쏙 세계사

초판인쇄 | 2021년 8월 2일
초판발행 | 2021년 8월 6일

지 은 이 | 히스트
펴 낸 이 | 고명진
펴 낸 곳 | 가람누리

출판등록 | 2011년 7월 29일 제312-2011-000040호
주   소 | 경기도 고양시 덕양구 통일로 140(동산동)
          삼송테크노밸리 B동 329호
전   화 | (02)356-8402 / FAX (02)356-8404
E-MAIL | garamnuri@daum.net
홈페이지 | www.munyei.com

ISBN 978-89-97272-42-6 (03900)

※ 잘못된 책은 바꾸어 드리겠습니다.
※ 저자와의 협의에 의하여 인지는 생략합니다.
※ 본문에 사용한 도판들은 저작권자의 승인을 받아 사용하였습니다.
   도판과 관련하여 미처 연락이 되지 않은 사항에 대해서는 연락을 주시면 별도로 상의 드리겠습니다.

책머리에

인류는 500만 년 전에 아프리카에서 처음 나타났습니다. 그러나 우리가 역사라고 부를 수 있는 시점은 그로부터 한참 뒤부터였습니다. 특히 기록으로 남긴 것만을 역사라고 한다면 역사는 지금으로부터 수천 년 전에야 비로소 시작되었다고 할 수도 있지요. 500만 년을 이어 온 인간이 대부분의 기간을 글자도 없이 살아왔다는 것을 알 수 있습니다. 곰곰이 생각해 보면 놀라운 일이지요.

하지만 문화는 비교적 오랜 옛날부터 있었을 것으로 생각됩니다. 수십만 년 전부터 수천 년 전까지 사람들이 살았던 흔적이 세계 곳곳에서 발견되었습니다. 지금은 그들이 살았던 시대와 유물 등 남긴 흔적에 따라 구석기 문화, 신석기 문화 등으로 나누어 부르고 있지요. 그런 원시시대 문화 중에는 깜짝 놀랄 만한 것들도 꽤 많은데, 알타미라 동굴의 벽화는 상당히 수준 높은 그림입니다.

이 책은 바로 인간이 남긴 문화와 역사 중에서 깜짝 놀랄 만한 것들, 그리고 꼭 알아야 할 것들을 소개한 책입니다. 교과서에 나오는 것들을 중심으로 소개했지만, 교과서에서는 세계 역사와 문화에 관하여 아주 자세하게 설명하지는 않으므로 이 책이 보충학습 자료로도 큰 도움이 될 것이라고 생각합니다.

또한 이 책은 사건과 일화를 중심으로 썼습니다. 초등학생이나 중학생이라면 단순히 연대순으로 암기하는 세계사보다는 인류사에서 빼놓을 수 없는 중요한 역사적 사건과 일화를 흥미롭게 읽음으로써 좀 더 가깝게 세계 역사를 이해하는 것이 우선이라고 생각했기 때문입니다.

이 책은 크게 다섯 부분으로 이루어져 있습니다. 1장에서는 우리가 잘 알고 있는 콜럼버스, 갈릴레이, 뉴턴 등 인물로 보는 세계 역사를 다루었고, 2장에서는 피라미드, 트로이의 목마, 페르시아 전쟁 등 사건으로 일어난 세계 역사를 다루었으며, 3장에서는 역사나 문화를 만드는 데 중요한 역할을 한 판도라의 상자, 유레카, 연금술 등의 유래를 소개하였습니다. 4장에는 모나리자의 미소, 바이올린, 지킬 박사와 하이드 등 예술을 중심으로 한 세계 역사와 문화를 실었으며, 5장에는 솔로몬의 지혜, 최후의 만찬 등 종교를 통한 세계 역사와 문화를 실었습니다. 이 책에 실려 있는 것만 알아도 세상이 어떻게 변화되어 왔는지 알 수 있을 것이고, 지식은 물론 상식과 교양도 풍부해질 것입니다.

이 책을 통해 얻을 수 있는 더 큰 것은 우리 아이들이 세계 역사나 문화의 주역이 되는 꿈을 가지는 일일 것입니다. 아직 자신의 꿈이 무엇인지, 앞으로 무슨 일을 할지 모르는 어린이들에게 세계사나 문화사에 한 획을 그을 수 있는 훌륭한 사람으로 성장하는 데에 이 책이 조금이나마 도움이 되기를 바랍니다.

지은이 씀

책머리에   4

 **인물로 보는 세계사 이야기**

대항해 시대와 신대륙 발견 | **콜럼버스**	14
그래도 지구는 돌고 있다 | **갈릴레이**	18
사과와 만유인력의 법칙 | **뉴턴**	21
예술은 길고 인생은 짧다 | **히포크라테스**	24
너 자신을 알라 | **소크라테스**	27
인간은 사회적 동물이다 | **아리스토텔레스**	31

햇빛을 가리지 말고 비켜 주시오 | **디오게네스**   34

내가 아시아의 왕이다! | **알렉산더 대왕**   37

왔노라, 보았노라, 이겼노라 | **카이사르**   40

로마 제국을 통일한 '존귀한 사람' | **아우구스투스**   43

신이시여, 제게 힘을 주소서! | **마르틴 루터**   46

나에게 자유가 아니면 죽음을 달라! | **패트릭 헨리**   50

나는 영국과 결혼했다 | **엘리자베스 1세**   53

짐이 곧 국가다! | **루이 14세**   56

사건으로 보는 세계사 이야기

세계의 불가사의, 쿠푸왕의 무덤 | **피라미드**   62

역사가 된 신화, 트로이 전쟁 | **트로이의 목마**   66

마라톤과 살라미스 해전 | **페르시아 전쟁**   69

세상을 뒤흔든 바다의 용사들 | **바이킹**   72

모든 길은 로마로 통한다 | **로마 제국**   75

눈에는 눈, 이에는 이 | **함무라비 법전**   78

구석기인이 남긴 최고의 미술품	**알타미라 동굴 벽화**	81
청교도들은 왜 신대륙으로 떠났을까?	**청교도**	85
절대왕정을 무너뜨린 시민혁명	**프랑스 대혁명**	88
동방으로 가자!	**동인도 회사**	91
전쟁에 휩싸인 유럽	**제1차 세계대전**	95
인류 역사상 최악의 전쟁	**제2차 세계대전**	99

유래로 보는 세계사 이야기

인류의 불행과 희망이 시작되다	**판도라의 상자**	104
찾아냈어! 바로 이거야!	**유레카**	107
마법사인가 과학자인가?	**연금술**	110
1년 365일 5시간 48분 46초의 유래	**달력**	113
세상에 존재하지 않는 이상향	**유토피아**	116
상상 속 황금의 나라	**엘도라도**	120
강압적이고 엄격한 교육	**스파르타식 교육**	123
순수하고 정신적인 사랑	**플라토닉 러브**	126

아서왕과 영웅들 | **원탁의 기사**	129
권력의 상징이자 공포의 대명사 | **크렘린**	132
'놈'에서 보통 남자로 바뀐 말 | **가이**	136
끊임없이 반복하는 인간의 굴레 | **시시포스의 바위**	140
참을 수 없는 대단한 고통 | **탄탈로스의 굶주림**	143
어려움을 풀어 주는 실마리 | **아리아드네의 실 꾸러미**	146
무의식적 성적 애착 | **오이디푸스 콤플렉스**	150
수단과 방법을 가리지 않는다 | **마키아벨리즘**	154
악화는 양화를 구축한다 | **그레셤의 법칙**	157
파산한 사람이 쓰는 티롤 모자 | **챙 없는 녹색 모자**	160
모든 사람들을 따뜻하게 하는 종소리 | **산타 마리아의 종**	162
바다를 떠도는 저주받은 배 | **유령선의 전설**	165
자유와 독립의 상징 | **오줌싸개 동상**	168
유랑하는 보헤미안 | **집시**	171
문학을 좋아하는 여자들 | **블루스타킹**	175
재치가 필요할 때 쓰는 말 | **라블레의 15분간**	178
리빙스턴 박사가 아니십니까? | **리빙스턴**	181

 # 예술로 보는 세계사 이야기

인류가 남긴 최고의 예술품 | **모나리자의 미소**	186
레오나르도 다빈치와 바이올린 | **바이올린**	189
"열려라, 참깨!" | **아라비안나이트**	193
인간의 깊은 내면에 잠재된 본성 | **지킬 박사와 하이드**	196
가장 대비되는 성격 유형 | **햄릿과 돈키호테**	199
용감한 사람만이 미인을 얻는다 | **드라이든**	201
자고 일어나니 유명해졌다 | **바이런**	204
인간은 생각하는 갈대 | **파스칼의 팡세**	207
나를 거쳐 슬픔의 도시에 이른다 | **단테의 신곡**	210
전 세계에 퍼진 이별의 노래 | **올드 랭 사인**	213
자유와 독립을 위해 목숨을 걸다 | **빌헬름 텔의 사과**	216
14세기 유럽을 바꾼 전염병 | **흑사병**	220
군중을 흔드는 선동 | **하멜른의 피리 부는 사나이**	222
푸시킨은 누가 죽였는가? | **푸시킨의 종말**	226
죽음 앞으로 걸어간 여섯 사람 | **칼레의 시민**	229
주여, 어디로 가시나이까? | **쿠오바디스, 도미네?**	232

종교로 보는 세계사 이야기

이스라엘의 전성기를 이끈 지혜의 왕 | **솔로몬의 지혜**   238

이것은 내 몸이고 내 피이니라 | **최후의 만찬**   241

삼손과 델릴라 | **삼손의 복수**   245

아론의 지팡이 | **모세의 형 아론**   249

한 알의 밀알이 땅에 떨어져 | **한 알의 밀알**   252

성서 속의 성서 | **산상수훈**   255

악덕과 퇴폐의 도시 | **소돔과 고모라**   258

1

PERSON

인물로 보는 세계사 이야기

인물로 보는 세계사 이야기

대항해 시대와 신대륙 발견
콜럼버스

콜럼버스의 신대륙 발견은 세계 역사에서 가장 중요한 사건이었어요. 당시 유럽 각국은 동방의 문물을 가져오려고 경쟁했는데, 콜럼버스 역시 인도를 찾아 나섰다가 신대륙을 발견했지요. 배를 타고 신항로를 개척하거나 신대륙을 발견하던 시대를 대항해 시대라고 합니다.

〈콜럼버스의 상륙〉 - 존 밴덜린, 1842~1847년

15세기 유럽 각국은 동방의 문물을 가져오려고 앞다투고 있었어요. 본래 동방으로 가는 실크로드가 있었지만 오스만튀르크 제국이 가로막고 있어서 새로운 길을 찾아야 했고, 그것은 바로 바다를 통하는 길이었습니다. 15세기 초 포르투갈 엔히크 왕자의 아프리카 항로 개척을 시작으로 대항해 시대가 열렸고, 1488년에 포르투갈의 바르톨로메우 디아스

〈크리스토퍼 콜럼버스라고 하는 남성의 초상〉
- 세바스티아노 델 피옴보, 1519년

(1450~1500)가 가장 먼저 아프리카 최남단 희망봉을 발견했어요.

　이에 자극을 받은 스페인에서도 크리스토퍼 콜럼버스(1451~1506)를 앞세워 신항로 개척과 신대륙 발견에 온 힘을 기울였습니다. 콜럼버스는 인도를 찾아 대서양 서쪽으로 계속 항해를 했어요. 그리고 마침내 1492년 10월 아메리카 대륙의 일부인 섬에 도착했는데, 콜럼버스는 이를 인도라고 생각했어요. 오늘날 아메리카 대륙에 서인도제도가 있는 것은 바로 그 때문입니다.

　콜럼버스는 이듬해 3월 귀국하여 국민들의 열렬한 환영을 받았습니다. 하지만 그를 시기하는 사람도 있었어요.

　"신대륙 발견은 대단한 게 아니야. 그저 서쪽으로 항해하다 보니 우연히 발견한 것이지."

신대륙 발견은 누구나 다 할 수 있는 것이라고 깎아내린 것입니다. 그러자 콜럼버스는 달걀을 하나 집어 들었어요.

"누가 이것을 탁자 위에 세워 보십시오."

여러 명이 달걀을 세워 보려고 시도했지만 모두 실패하고 말았어요. 그러자 콜럼버스는 달걀을 들더니 끝을 살짝 깨뜨려 탁자 위에 세웠어요. 그것을 본 사람들은 웅성거렸습니다.

"그렇게 하면 누가 못 합니까?"

그러자 콜럼버스는 말했어요.

"그래요, 이것 역시 아무것도 아니죠. 그러나 여러분 중의 누구도 이 달걀 끝을 깨뜨려서 탁자 위에 세운다는 것을 생각지 못했습니다. 하지만 나는 생각해 냈어요. 신대륙 발견도 이와 마찬가지입니다. 아무것도 아니지만 처음으로 생각해 낸다는 것, 바로 이것이 중요한 것이지요."

그의 말에 아무도 대꾸를 하지 못했습니다. 새로운 일을 하기 위해서는 고정관념을 깨야 한다는 것을 잘 보여 주는 일화입니다.

콜럼버스는 죽기 전까지 서인도제도가 인도의 일부라고 생각했습니다. 그가 발견한 대륙이 아메리카 대륙으로 판명된 것은 10여 년 뒤 아메리고 베스푸치(1454~1512)에 의해서입니다. 1498년에는 포르투갈의 바스쿠 다가마(1469~1524)가 희망봉을 지나 인도의 캘리컷에 도착하면서 바다를 통해 인도에 갈 수 있는 인도 항로가 완성되었지요. 이후 더욱더 많은 사람들이 새로운 문물을 얻기 위하여 바다에 도전했습니다.

토스카넬리의 세계지도

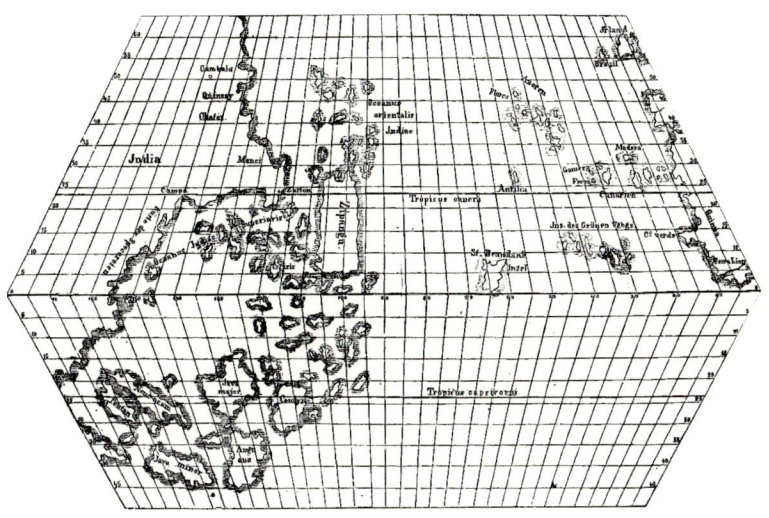

토스카넬리의 세계지도

이탈리아 피렌체의 의사이자 지리학자인 토스카넬리(1397~1482)는 이미 1474년에 로마의 포르투갈 대사에게 서쪽 인도로 가는 항로를 찾는 일을 후원하도록 포르투갈 왕에게 요청하라는 편지를 보냈어요. 또한 토스카넬리는 이 편지의 사본을 콜럼버스에게도 보내 콜럼버스가 신대륙을 발견하는 데 큰 영향을 끼쳤습니다.

인물로 보는 세계사 이야기

그래도 지구는 돌고 있다
갈릴레이

코페르니쿠스와 갈릴레이, 케플러 등은 유럽 천문학 발달에 큰 영향을 끼친 사람들이에요. 특히 갈릴레이는 가톨릭 교회로부터 박해를 받으면서도 코페르니쿠스의 지동설을 증명했습니다. 서양 과학사에 큰 획을 그은 갈릴레이를 소개합니다.

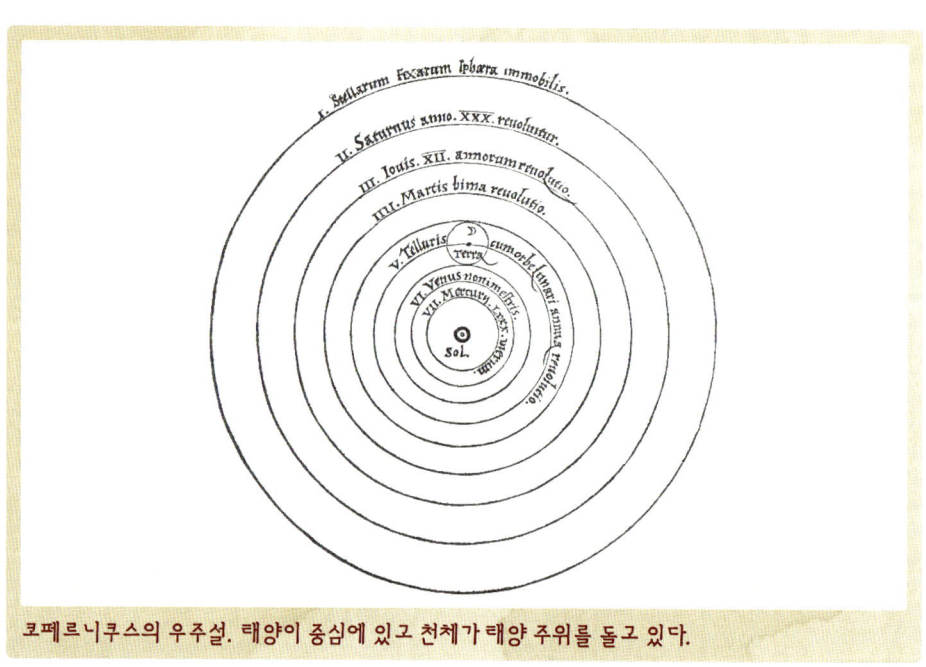

코페르니쿠스의 우주설. 태양이 중심에 있고 천체가 태양 주위를 돌고 있다.

옛날에는 태양이 지구 주위를 돈다고 생각했고, 또한 인간이 살고 있는 지구가 우주의 중심이라고 여겼어요. 그러나 코페르니쿠스(1473~1543)는 지구가 태양의 주위를 돈다는 지동설을 주장했습니다. 그가 지동설을 주장했을 때는 가톨릭 교회에서 그를 탄압하지는 않았어요. 그저 하나의 이론으로 여겼던 것입니다.

〈베니스의 총독에게 망원경을 사용하는 방법을 보여 주는 갈릴레오〉 - 주세페 베르티니, 1858년

그러나 이탈리아의 천재 물리학자 갈릴레오 갈릴레이(1564~1642)가 1609년에 망원경을 만들어 태양계를 살펴보니 지구가 태양 주위를 도는 것이 분명했습니다. 갈릴레이는 목성에 네 개의 위성이 있다는 것과 금성의 간만, 태양의 흑점, 달의 굴곡 등을 발견하여 코페르니쿠스의 지동설을 증명했어요.

그러자 가톨릭 교회에서는 갈릴레이를 이단으로 지목하여 종교재판에 회부했습니다. 고문과 협박에 못 이긴 갈릴레이는 결국 지동설은 잘못된 학설이라고 말해야 했지만 법정을 나오며 이렇게 말했다고 합니다.

"그래도 지구는 돌고 있다."

1633년 갈릴레이는 피렌체 교외의 자택에 유폐되었습니다. 1636년 갈릴레이는 아리스토텔레스 자연학의 잘못을 지적한 《새로운 두 과학》이라는 원고를 완성하고, 1638년에 종교의 압력으로부터 자유로운 네덜란드에서 이 책을 출간했어요. 하지만 그는 다음 해에 실명했고, 1642년에 숨을 거두었어요. 교회에서는 그의 시신을 묘지에 매장하는 것을 금했으며, 기념비조차 세우지 못하게 했습니다.

갈릴레이는 동시대를 살았던 독일의 천문학자 케플러(1571~1630)와 함께 유럽 학문 발달에 큰 역할을 하였습니다. 케플러는 화성의 공전 궤도를 관측하며 수치의 통계를 낸 끝에 마침내 다른 행성

〈갈릴레오 갈릴레이의 초상〉 - 유스투스 수스테르만스, 1636년

들도 태양을 중심으로 타원 궤도를 운행한다는 사실을 확인하고는 이른바 케플러의 3대 법칙을 내세운 사람입니다. 그러나 케플러는 평생을 병마와 가난에 시달려 점성술로 연명했다고 합니다.

> 인물로 보는 세계사 이야기

사과와 만유인력의 법칙
뉴턴

> 사과나무에서 사과가 떨어지는 것을 보고 뉴턴은 지구가 사과를 끌어당긴다고 생각했어요. 모든 물체 사이에는 끌어당기는 힘이 작용한다는 '만유인력'이라는 놀라운 비밀을 발견한 것이에요. 서양 과학 발달에 큰 영향을 끼친 뉴턴을 만나 봅시다.

갈릴레이가 죽은 해 겨울 영국에서는 뉴턴(1642~1727)이 태어났습니다. 뉴턴은 사과가 땅으로 떨어지는 것을 보고 만유인력의 법칙을 발견한 과학자입니다. 만유인력이란 이 세상 모든 물체는 서로 끌어당기는 힘이 작용한다는 법칙인데, 사과가 땅에 떨어진 것은 지구가 사과를 끌어당기기 때문이라는 것입니다. 엉뚱하면서도 독특한 발상이 위대한 발견을 하게 한 것이에요.

뉴턴은 생활 자체도 매우 독특했습니다. 하루는 계란을 삶아 먹으려고 한 손에는 계란, 한 손에는 시계를 들고서 냄비의 뚜껑을 열었어요. 잠시 후에 냄비를 열어 보니 그 안에는 계란이 아닌 시계가 들어 있었습니다. 또 손님을 초대하고는 포도주를 가지러 갔는데 아무리 기다려도 뉴턴이 나타나지 않았어요. 하인이 가 보니 뉴턴은 손님을 초대했다는 사실을 까맣게 잊고 연구에 몰두해 있었다고 합니다.

더 기가 막힌 일도 있었어요. 어느 날 난로 옆에서 연구를 하던 뉴턴은 너무 뜨거워서 하인을 불렀어요.

"뜨거워서 못 견디겠는데, 어떻게 안 될까?"

하인은 뉴턴의 의자를 조금 뒤로 당겨서 물러나게 했어요.

"음, 매우 훌륭한 생각이야."

뉴턴은 이렇게 하인을 칭찬하고 연구를 계속했어요.

〈아이작 뉴턴 경의 초상화〉 - 고드프리 넬러, 1702년

자신이 난로에 너무 가까이 앉아 있어서 뜨겁다는 사실도 모를 정도로 몰두했던 거지요.

"나는 바닷가를 노닐며 매끈매끈한 자갈이나 예쁜 조개껍질을 줍는 어린아이와 같았다. 저 넓은 진리의 바다가 눈앞에 펼쳐져 있는데도 말이다."

이것은 훗날 뉴턴이 쓴 회고담에 나오는 말입니다. 위대한 과학자이면서도 자신을 어린아이로 비유한 뉴턴은 어린아이처럼 솔직하고 편견 없이 세상을 바라볼 수 있는 눈을 가졌기에 진리의 길을 찾을 수 있었던 게 아닐까요?

뉴턴은 만유인력의 법칙 이외에도 미적분과 빛의 분석에 대한 착상 등을 발견했는데, 이 세 가지를 뉴턴의 3대 발견이라고 부릅니다. 그는 이처럼 서양 천문학과 물리학, 그리고 수학의 발전에 큰 몫을 했습니다.

만유인력의 법칙

미국 뱁슨 칼리지에 있는 뉴턴의 사과나무

질량을 가진 모든 물체는 두 물체 사이에 질량의 곱에 비례하고 두 물체의 질점 사이 거리의 제곱에 반비례하는 인력이 작용한다는 법칙이에요. 좀 어렵죠? 중고등학교에 가면 꼭 알아 둬야 해요. 행성의 운동과 은하수의 생성, 빛의 굴절 등 많은 현상에 적용되는 법칙입니다.

인물로 보는 세계사 이야기

예술은 길고 인생은 짧다
히포크라테스

의사가 되려는 이들은 누구나 히포크라테스 선서를 합니다. 이는 옛날 히포크라테스에게 의술을 배우려는 사람들이 선서하던 전통을 이은 것이에요. 서양 의학의 아버지로 불리는 히포크라테스와 그의 선서는 서양 역사에서 중요한 위치를 차지하고 있어요.

"예술은 길고 인생은 짧다"라는 말을 들어 봤나요? 이 말은 의학의 아버지로 불리는 히포크라테스(기원전 460~377)가 한 말입니다. 그런데 여기에서 예술은 의술을 가리키는 말이에요. 당시에는 예술이란 말이 기술이나 의술까지 포함하는 의미를 가지고 있었거든요.

히포크라테스는 경험적 지식에 바탕을 둔 의술을 펼칠 것을 주장하며 의사의 도덕적 기초를 확립했습니다. 특히 그는 간질을 뇌에 이상이 생겨 생기는 병으로 규정하여 유명해졌습니다. 당시에는 간질을 병이 아니라 종교적, 미신적인 이유에서 비롯된 증상으로 여겼거든요. 그는 인체의 자연 치유력을 중요하게 여기고 병의 경과에 대한 날카로운 관찰과 예측, 식이요법과 환경이 중요하다는 것을 강조했어요.

점차 명성이 높아진 히포크라테스는 그리스 각지에 초빙되어 의료 활동에 온

히포크라테스의 조각상

정열을 쏟았어요. 또한 의술에 관심이 많은 사람들을 가르치기도 했습니다. 당시 그의 제자들은 스승 앞에서 의사로서 지켜야 할 윤리를 맹세했는데, 이것이 오늘날까지 이어지는 히포크라테스 선서입니다. 의사가 되려는 사람들은 누구나 이 선서를 해야 하지요.

히포크라테스 선서

- 나는 의술의 신 아폴론과 아스클레피오스에 맹세하여, 나의 능력과 판단에 의하여 다음의 선서를 준수할 것을 모든 신과 여신 앞에서 맹세한다. 이제 의업에 종사할 허락을 받으매 나의 생애를 인류 봉사에 바칠 것을 엄숙히 서약하노라.
- 나의 은사에 대하여 존경과 감사를 드리겠노라.
- 나의 양심과 위엄으로서 의술을 베풀겠노라.
- 나의 환자의 건강과 생명을 첫째로 생각하겠노라.
- 나는 환자가 알려 준 모든 비밀을 지키겠노라.
- 나의 위업의 고귀한 전통과 명예를 유지하겠노라.
- 나는 동업자를 형제처럼 생각하겠노라.
- 나는 인종, 종교, 국적, 정당 정파, 또는 사회적 지위 여하를 초월하여 오직 환자에 대한 나의 의무를 지키겠노라.
- 나는 인간의 생명을 수태된 때로부터 지상의 것으로 존중히 여기겠노라.
- 비록 위협을 당할지라도 나의 지식을 인도에 어긋나게 쓰지 않겠노라.
- 이상의 서약을 나의 자유의사로 나의 명예를 받들어 하노라.

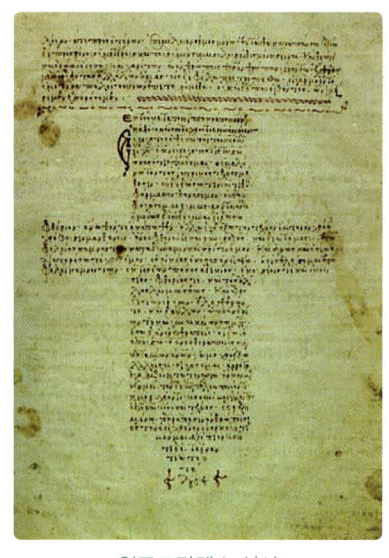

히포크라테스 선서

인물로 보는 세계사 이야기

너 자신을 알라
소크라테스

서양 역사에서 소크라테스는 철학의 수준을 한 차원 끌어올린 철학자입니다. 그는 생각하기보다 생각하는 방법을 더욱 고민했으며, 개인적인 실천 못지않게 다른 이들을 가르치는 일을 중요하게 여겼어요. 흔히 공자, 예수, 석가모니와 함께 세계 4대 성인으로 불리고 있는 소크라테스를 소개합니다.

소크라테스가 독배를 받는 장면을 묘사한 〈소크라테스의 죽음〉 - 자크 루이 다비드, 1787년

"너 자신을 알라"라는 명언은 그리스의 철학자 소크라테스(기원전 470~399)의 말로 유명해요. 하지만 그 이전에 솔론이 했다고도 하고 천문학의 선구자였던 탈레스, 지구 자전설을 주장했던 피타고라스가 한 말이라는 설도 있어요. 그래도 이 명언을 소크라테스가 남겼다고 하는 것은 소크라테스가 비로소 이 말에 철학적인 내용을 담아냈기 때문입니다.

소크라테스는 서양 역사에서 매우 중요한 철학자입니다. 그의 업적은 인간의 사고를 새로운 차원으로 높인 것

소크라테스 두상(1세기경)

이라고 해요. 그는 생각하기보다 생각하는 방법을 고민했고, 개인적 실천 못지않게 다른 사람들을 가르치는 일을 중요하게 여겼습니다. 플라톤과 아리스토텔레스 등 다른 유명한 철학자들도 그의 영향을 많이 받았지요.

소크라테스는 많은 명언과 일화를 남겼어요. 특히 '나는 내가 무지하다는 것 외에는 아무것도 모른다'라는 명언은 당시 그리스 철학을 주름잡던 소피스트들의 생각과는 다른 것이었습니다. 소피스트란 교양이나 학예, 변론술을 가르치는 사람들을 이르는 말로, 프로타고라스와 고르기아스 등이 이 방면의 대가였습니다.

소피스트들은 자신들과 생각이 다른 소크라테스를 미워했고, 결국 민심을 혼란시킨다는 이유로 사형을 받게 하였어요. 그럼에도 소크라테스는 당당하게 자신의 소신을 밝혔어요.

"우리는 헤어질 때가 됐소. 그러니 이제 서로의 길을 찾아 떠납시다. 나는 죽음의 길로, 여러분은 삶의 길로……. 어느 길이 더 좋은가는 오직 신만이 알 것이오."

플라톤이 지은 대화편 중 《소크라테스의 변명》에 나오는 내용입니다. 이는 세상과 사물에 대한 깊은 통찰을 담고 있는 말로 지금까지도 우리에게 감동을 주고

〈소크라테스에게 물을 끼얹는 크산티페〉 - 레이에르 판 블로멘달, 1655년경

있어요. 소크라테스는 "악법도 법이다"라는 말을 남기고 독이 든 잔을 들어 마셨습니다.

소크라테스의 아내에 관한 이야기도 재미있습니다. 그의 아내인 크산티페는 악처로 유명했지요. 사람들이 왜 그런 여자와 사느냐고 물으면 소크라테스는 이렇게 대답했습니다.

"경마를 잘하려면 사나운 말을 골라 타야 합니다. 사나운 말을 잘 다룬다면 다른 말을 타기란 식은 죽 먹기지요. 내가 아내의 잔소리를 참고 견디면 세상에서 상대하기 힘든 사람은 거의 없을 거요."

크산티페가 욕을 해 대며 머리에 물을 쏟아부었을 때에도 소크라테스는 태연하게 말했다고 합니다.

"천둥과 번개가 친 다음에는 비가 내리기 마련이지. 하하하!"

이야기 속 이야기

소피스트

기원전 5세기 무렵에 주로 아테네의 자유민으로서 교양이나 학예, 특히 변론술을 가르치는 일을 직업으로 삼던 사람들을 가리키는 말입니다. 이들은 후에는 자기의 이익을 위하여 변론술을 악용했고, 그래서 오늘날 소피스트란 말은 궤변가를 뜻하게 되었어요.

인물로 보는 세계사 이야기

인간은 사회적 동물이다
아리스토텔레스

인간은 혼자서는 살 수 없어요. 그래서 고대 그리스의 철학자 아리스토텔레스는 '인간은 사회적 동물이다'라고 했지요. 플라톤의 제자로 학문을 집대성한 아리스토텔레스는 알렉산더 대왕 등 많은 제자를 두었고, 그의 학문은 서양 학문 발달에 막대한 영향을 미쳤습니다.

　아리스토텔레스(기원전 384~322)는 서양 학문 발달에 막대한 영향을 끼친 인물입니다. 로마 시대부터 중세에 이르기까지 그의 영향을 받지 않은 철학자는 없다고 봐도 될 정도예요.
　아리스토텔레스는 18세의 나이에 아카데미에 들어가 플라톤(기원전 428~347)의 제자가 되었고, 플라톤이 세상을 떠날 때까지 20년간 머물렀어요. 리케이온에 학원을 세우고 알렉산더 등 많은 제자들을 길러 냈습니다. 그는 아침에 오솔길을 걸으며 제자들과 대화를 나누곤 해서 후세 사람들은 그와 제자들을 '소요학파'라고 부릅니다.
　하지만 알렉산더 대왕의 갑작스러운 죽음은 그의 생활에도 큰 영향을 미쳤어요. 아테네 사람들이 반란을 일으켜 알렉산더의 스승인 그를 박해했던 것입니다.

그는 알렉산더가 죽은 지 1년 뒤 아테네 북쪽 칼키스라는 섬에서 병을 얻어 쓸쓸하게 생을 마감했습니다.

그는 철학뿐만 아니라 과학과 정치학 등에도 큰 영향을 끼쳤습니다. 또 궤변을 멀리하고 올바른 과학적 인식을 추구해 형식논리학의 아버지로 불리기도 합니다.

아리스토텔레스는 '국가는 최고의 사회이며 선을 최고의 목적으로 한다', '국가는 가족보다는 늦게 구성되었지만 그 성격상 가족이나 개인보다 우선한다고 볼 수 있다'라고 주장했어요. 국가를 가장 중요하게 생각한 이유는 인간 사회가 확대되어 발달한 것이 바로 국가라고 봤기 때문입니다. 이러한 생각은 플라톤의 《국가론》의 영향을 받은 것입니다.

중앙의 두 사람 중에서 왼쪽이 플라톤이고 오른쪽이 아리스토텔레스이다.
〈아테네 학당〉
– 산치오 라파엘로, 1509~1511년

아리스토텔레스가 '인간은 사회적 동물이다'라고 한 것은 인간은 혼자서는 살 수 없다는 말이라고 할 수 있습니다. 사회 속에서 많은 사람들과 다양하고 복잡한 관계를 맺으며 살아가는 것이 인간입니다. 나뿐만 아니라 이웃, 다른 사람들을 소중하게 여겨야 하는 것은 우리가 사회적 동물이기 때문입니다.

서양 학문 발달에 큰 영향을 끼친 아리스토텔레스

인물로 보는 세계사 이야기

햇빛을 가리지 말고 비켜 주시오
디오게네스

행복이란 무엇일까요? 대부분의 사람들은 돈이나 명예를 추구하지만, 돈이 많고 출세를 한다고 해서 과연 행복할까요? 나무통 속에서 살면서도 행복했던 그리스의 거지 철학자 디오게네스를 통해 진정한 행복이 무엇인지 생각해 봅시다.

디오게네스는 나무통에서 거지처럼 살았다. 〈디오게네스〉
— 장 레옹 제롬, 1860년

고대 그리스 철학자 중에는 특이한 사람도 많았습니다. 그중 디오게네스(기원전 412~323)라는 철학자는 나무통 속에서 거지처럼 살았어요. 그가 나무통 속에서 산 것은 세상의 도덕이나 풍습, 법과 형식 등을 무시한다는 의미였어요. 디오게네스를 키니코스학파라고 부르는데, 이 말은 '개와 같다'는 뜻으로 한자로는 견유학파(犬儒學派)라고 합니다. 마치 개처럼 원시적이면서도 자유롭게 사는 철학자들이라는 뜻이지요.

디오게네스의 조각상

디오게네스는 인간이 어떻게 살아야 행복해질 수 있는지 보여 준 것으로 유명해요. 그는 행복은 인간의 자연스러운 욕구를 가장 쉬운 방법으로 만족시키는 것이라고 했어요. 그리고 자연스러운 것은 부끄러울 것도 없고 보기 흉하지도 않으므로 감출 필요가 없다는 것을 보여 주었습니다.

하지만 그는 모든 사람들이 자신과 같은 방식으로 살아야 한다고 주장하지는 않았어요. 단지 그는 어려운 처지에서도 행복과 자립이 가능하다는 것을 보여 주려고 한 것입니다.

디오게네스의 명성을 듣고 어느 날 알렉산더 대왕이 찾아왔습니다.

"나는 알렉산더요. 당신이 원하는 것은 무엇이든 들어주겠소. 말해 보시오."

아마 다른 사람 같으면 멋진 집이나 많은 돈을 달라고 했을 것입니다. 아니면 출세를 시켜 달라고 했겠지요. 하지만 디오게네스는 이렇게 말했습니다.

"햇빛을 가리지 말고 비켜 주시오."

디오게네스의 말에 알렉산더는 그 자리를 떠나며 중얼거렸어요.

"내가 만일 왕이 되지 않았다면 디오게네스와 같은 철학자가 되었을 것이다."

디오게네스는 플라톤의 영향을 받은 철학자입니다. 두 철학자는 권위적인 것을 비웃었어요. 플라톤은 인간을 '깃털 없는 몸에 그저 두 발로 걷는 동물일 뿐이다'라고 정의하였는데, 디오게네스는 한술 더 떴습니다. 그는 닭을 잡아서 털을 몽땅 뽑아 버리고는 내던지며 말했습니다.

"이게 바로 플라톤이 말한 인간이란 놈이다."

세상을 비웃으며 세속적인 권위를 부정한 디오게네스는 오늘날 우리에게 많은 것을 생각하게 합니다. 과연 어떻게 사는 것이 행복인지 말이에요.

〈알렉산더 대왕과 디오게네스〉 - 토마스 크리스티안 빙크, 1782년

인물로 보는 세계사 이야기

내가 아시아의 왕이다!
알렉산더 대왕

알렉산더 대왕은 유럽과 아시아, 아프리카에 걸친 대제국을 이룩한 왕이에요. 정복자로 불리지만 동서양의 문화를 서로 만나게 했지요. 그 결과 세계시민주의와 개인주의 경향을 띤 헬레니즘 문화가 새로 탄생했어요.

폼페이에서 출토된 알렉산더 대왕의 모자이크화

알렉산더 대왕(기원전 356~323)은 동서양을 아우르는 대제국을 건설한 인물입니다. 그리스와 페르시아는 물론 이집트와 인도 국경까지 점령하고 알렉산드로스 제국을 세웠습니다.

알렉산더의 아버지는 그리스 북쪽에 자리 잡고 있던 마케도니아의 왕 필리포스 2세입니다. 필리포스는 그리스의 도시국가들이 혼란한 틈을 타서 그리스를 점령했어요. 그런데 필리포스 2세가 영토를 계속 확장할 때 알렉산더는 시무룩한 모습을 보였습니다. 주위 사람들이 왜 그러냐고 묻자 그는 이렇게 대답했어요.

"아버님이 이렇게 계속 영토를 확장하면 내가 정복할 땅은 하나도 남지 않을 것 아닌가?"

이후 필리포스 2세가 암살당하고 왕위에 오른 알렉산더는 우선 동방의 대제국인 페르시아를 공격하여 소아시아 북서해안 프리지아의 고르디움을 함락했어요. 고르디움에는 옛날 고르디아스왕이 매어 놓은 매듭이 있었는데, 왕은 그 매듭을 푸는 사람이 아시아의 왕이 될 것이라고 예언했지요. 그런데 알렉산더는 그 매듭을 보고 단칼에 내리쳐 끊어 버리고는 선언했어요.

"내가 아시아의 왕이다!"

그는 이후 이집트를 점령하고 기원전 330년에는 마침내 페르시아 제국을 멸망시

역사상 최초로 동서양에 걸친 대제국을 건설한 알렉산더 대왕

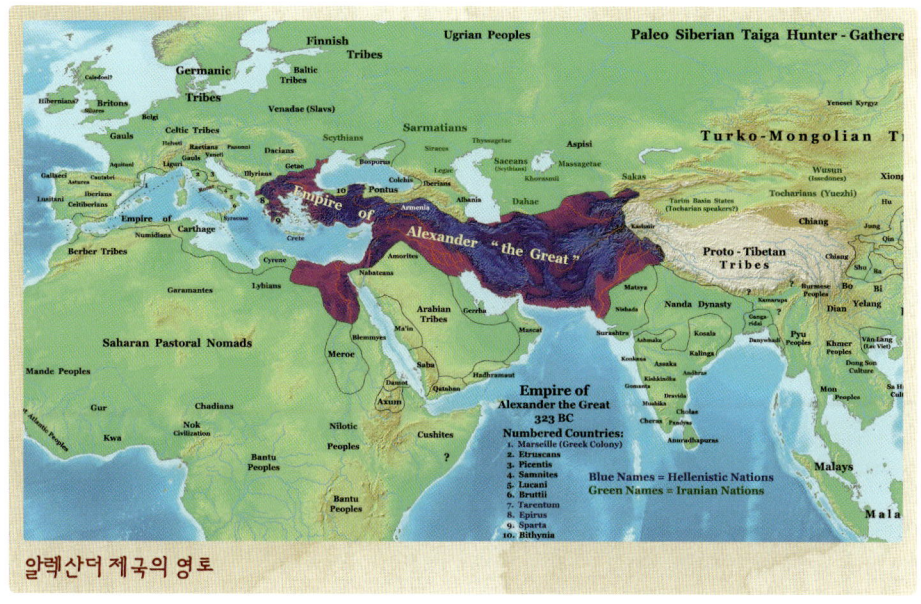

알렉산더 제국의 영토

켰습니다. 그리고 다음으로 인도로 눈을 돌렸어요. 군대를 이끌고 인더스강에 이르자 병사들은 몸서리가 쳐졌습니다. 정복 전쟁이 끝없이 계속되었기 때문입니다. 병사들이 인더스강을 보면서 세상의 끝이라며 더 이상 앞으로 나아가지 않자 알렉산더는 가슴을 치며 안타까워했습니다.

"이제 나에게는 정복할 땅이 없어졌노라!"

바빌론으로 개선한 알렉산더 대왕은 일찍이 없었던 세계 제국을 다스리는 통치자가 되었어요. 그러나 그것으로 세상에서 할 일이 끝났는지, 원인 모를 병을 앓다가 기원전 323년 6월 10일, 조용히 눈을 감았습니다.

알렉산더 대왕은 동양과 서양의 문화를 만나게 했고, 그 결과 그리스 문화와 동양의 문화가 만나 새로운 헬레니즘 문화가 탄생했습니다. 이것은 도시국가 특성을 지닌 그리스 문화가 세계 각국으로 퍼져 나가 뿌리를 내리게 된 계기가 되었습니다.

인물로 보는 세계사 이야기

왔노라, 보았노라, 이겼노라
카이사르

2,000여 년 전 로마의 영웅 카이사르는 서양 역사에 커다란 영향을 끼친 인물이에요. 강한 추진력으로 주변 국가들을 점령했고, 로마를 개혁하였습니다. 또 곳곳에서 유명한 말을 많이 남기기도 했지요.

2,000여 년 전 그리스의 뒤를 이어 부각된 나라는 로마입니다. 로마에는 특히 뛰어난 정치가와 군인이 많았는데, 그중 카이사르(기원전 100~44)는 여러 차례 주변 국가와의 전쟁에서 승리한 영웅이에요. 내전에서 폼페이우스를 꺾은 카이사르는 이집트를 정복하고 돌아오는 길에 소아시아에 들러 젤라 근처에서 폰투스의 파르나케스와 충돌했습니다. 이곳에서도 대승을 거둔 그는 그 사실을 로마의 친구에게 다음과 같이 편지로 알렸습니다.

"왔노라, 보았노라, 이겼노라."

카이사르는 훌륭한 군인이었을 뿐만 아니라 최고의 웅변가였고 문장가였지요. 그러나 로마의 역사가이자 전기 작가인 수에토니우스(69~140?)의 《황제전》에 따르면 이 말은 카이사르가 쓴 것이 아니라 카이사르가 로마에 개선했을 당시 길가에 나붙어 있던 글귀라고도 합니다.

루브르 박물관에 있는 카이사르의 조각상

카이사르는 기원전 58년부터 8년간에 걸쳐서 알프스산맥을 넘어 갈리아(지금의 북이탈리아·프랑스·벨기에 일대)를 정복했는데, 그전에는 누구도 해내지 못한 일이었지요. 그는 이후 부유한 도시를 공격해 많은 재물을 약탈했고 그 결과 로마 최고의 부자가 되었어요.

그렇지만 그가 로마를 비운 사이에 정적 폼페이우스(기원전 106~48)가 원로원과 손을 잡았어요. 그들은 카이사르를 무력화시키고자 카이사르의 군대를 해체시키려 했습니다. 카이사르는 이미 대세가 기울었음을 깨달았지만 가만히 앉아서 죽을 수는 없는 일이었어요. 그는 군사 5,000명을 이끌고 로마의 루비콘강 가에 도착해 이렇게 말했습니다.

"주사위는 던져졌다!"

카이사르의 말에 군사들은 죽음을 각오하고 로마를 공격했고, 폼페이우스는 이집트로 달아났습니다. 카이사르는 정적을 물리친 뒤 이집트 여왕 클레오파트라(기원전 69~30)와 사귀어 아들 카이사리온을 낳았습니다. 그러나 이후 카이사르는 아끼던 부하 브루투스(기원전 85~42)에게 암살을 당하고 맙니다. 그때 그가 외친 "브루투스 너마저도……."라는 말이 유명하지요.

카이사르는 로마를 평정한 뒤 많은 일을 했습니다. 원로원을 개혁하여 젊은 인재를 등용하였고, 금과 은의 환율을 고정시켰으며, 많은 이들에게 로마 시민권을 부여했어요. 가도 정비 등 공공사업도 많이 벌였으며, 특히 로마 달력을 개정하여 태양력인 율리우스력을 제정해 서양 사회에 큰 영향을 끼쳤어요.

인물로 보는 세계사 이야기

로마 제국을 통일한 '존귀한 사람'
아우구스투스

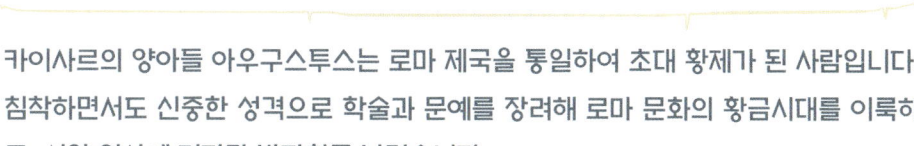

카이사르의 양아들 아우구스투스는 로마 제국을 통일하여 초대 황제가 된 사람입니다. 침착하면서도 신중한 성격으로 학술과 문예를 장려해 로마 문화의 황금시대를 이룩하고, 서양 역사에 커다란 발자취를 남겼습니다.

〈악티움 해전〉 － 로렌조 카스트로, 1672년

카이사르의 뒤를 이어 로마 제국을 통치한 사람은 아우구스투스(기원전 63~기원후 14)입니다. 본래 그의 이름은 옥타비아누스였는데, 어머니가 카이사르의 조카딸이라서 아버지가 돌아가신 뒤 카이사르의 보호를 받으며 자랐어요. 카이사르가 암살을 당한 직후 유언장을 공개해 보니 옥타비아누스를 양아들로 삼는다는 내용이 있었고, 옥타비아누스는 카이사르의 재산을 물려받아 부자가 되었습니다.

로마 제국 초대 황제 아우구스투스의 조각상

그런데 그는 그 돈을 자신을 위해서만 쓰지 않았어요. 카이사르의 추모식에도 막대한 돈을 썼고, 많은 로마인들에게 카이사르의 유언이라면서 돈을 나눠 주기까지 했어요. 그 때문에 옥타비아누스는 로마 시민들에게 카이사르의 후계자로 인정받았고, 결국 로마 제국의 최고 통치자에 올랐습니다.

당시 옥타비아누스는 안토니우스(기원전 82~30), 레피두스(?~기원전 13)와 함께 로마를 이끌었는데, 이를 삼두정치라고 해요. 레피두스가 은퇴한 후 안토니우스는 마치 자신이 최고 권력자가 된 양 행동했지만 옥타비아누스는 참으면서 때를 기다렸어요.

기원전 31년, 드디어 그 기회가 왔어요. 그리스 악티움에서 안토니우스와 클레오파트라의 연합군과 격돌하게 되었던 것입니다. 이를 악티움 해전이라고 부르는데, 이 전쟁에서 옥타비아누스는 연합군을 물리치고 로마 제국을 통일했어요. 그리고 로마의 1인자가 되자 '아우구스투스'라는 새 이름을 얻으며 초대 황제에 올랐습니다. 아우구스투스라는 말은 '존귀한 사람'이라는 뜻입니다.

아우구스투스는 매우 침착하고 신중하게 로마를 이끌었고, 특히 학술과 문예를 장려하여 로마 문화의 황금시대를 열었어요. 그는 수도를 로마로 정해 놓고 신전을 세우며 이렇게 말했습니다.

"나는 진흙이었던 로마를 넘겨받아 대리석으로 만든 로마를 당신들에게 넘긴다."

하지만 그가 죽은 후 황제 자리는 늘 음모에 휩싸이게 되었으며 폭군 네로(37~68)를 끝으로 그의 가문은 더 이상 황제에 오르지 못했어요. 로마 제국은 세워진 뒤 채 100년도 가지 못했던 겁니다.

인물로 보는 세계사 이야기

신이시여, 제게 힘을 주소서!

마르틴 루터

천국에 가는 표를 돈을 주고 살 수 있을까요? 옛날 교황이 발행한 면죄부는 하느님 앞에 그 사람의 죄를 모두 면해 준다는 증서입니다. 사람들은 너도나도 천국에 가기 위해 돈을 내고 이를 구입하였답니다. 물론 이것은 말도 안 되는 일이지요. 이 일을 계기로 결국 마르틴 루터에 의해 종교 개혁이라는 엄청난 일이 벌어졌어요.

면죄부를 판매하는 모습 — 예르크 브로이, 1530년

16세기에 들어와 유럽은 새로운 분위기에 휩싸였습니다. 그중 종교 개혁은 가장 커다란 변화였어요. 당시에는 교황이 면죄부를 만들어 판매를 해서 돈을 거둬들였어요. 면죄부란 죄를 면해 주는 증서를 말합니다.

1517년 교황 레오 10세도 성 베드로 대성당을 건축하기 위하여 면죄부를 발행해 유럽 곳곳에서 팔았습니다. 비텐베르크 대학의 마르틴 루터(1483~1546) 교수는 교회의 타락에 분개하며 면죄부 판매에 반대하는 95개조의 반박문을 비텐베르크 성당의 출입문에 붙여 놓았어요. 몇 가지만 소개하면 다음과 같습니다.

〈마르틴 루터의 초상〉
- 루카스 크라나흐(엘더), 1528년

제21조 면죄부를 판매하는 사람들은 교황의 사면으로 모든 죄를 용서받을 수 있다고 말하지만 이것은 거짓이다.

제27조 헌금함에 헌금이 들어가는 순간 지옥에 떨어진 영혼이 천당으로 갈 수 있다는 것은 말도 안 되는 이야기이다.

제36조 기독교 신자는 회개하는 마음만 있으면 면죄부 따위가 없어도 죄에 대한 용서를 받고 구원받을 수 있다.

루터는 인간이 구원받을 수 있는 길은 오로지 신의 은총에 따르는 것이지 돈으로 면죄부를 사는 것으로는 구원받을 수 없다고 주장했습니다. 로마 교회는 루터의 이러한 주장이야말로 교회의 모든 권위에 대한 정면 도전이라며 모두 취소하라고 명령했어요.

루터는 오히려 반박했고 〈기독교 신자의 자유〉 등 여러 논문을 통해 성서만이 유일한 그리스도 신앙의 원천이라고 주장했습니다. 결국 1520년 교회는 루터를 파문했고, 루터는 파문장을 대중 앞에서 불사르며 종교 개혁을 주장했습니다. 신성 로마 제국의 황제인 카를 5세가 루터를 소환하여 주장을 철회하라고 요구했지만 루터는 단호했어요.

"오오, 신이시여! 저는 지금 여기에 서 있습니다. 그것 외에 제가 할 수 있는 것은 하나도 없습니다. 신이시여, 저에게 힘을 주소서."

그의 주장에 많은 사람들이 동조해 곳곳에서 반란이 일어났습니다. 그렇지 않아도 오랜 세월 동안 교회에 불만을 품고 있던 농민과 귀족, 도시인들이 들고일어났던 것입니다. 루터는 말년에는 농민 반란을 잘못된 일이라며 비판했고, 개혁 의지가 꺾이기도 했지만 그의 영향으로 프로테스탄트 교회가 생겨났고, 유럽 사회는 커다란 전환점을 맞이했습니다.

면죄부

면죄부

로마 교황이 교회의 건립 비용을 마련하고 부족한 재정을 해결하고자 금전이나 재물을 봉헌한 사람들에게 죄를 면해 준다는 뜻으로 나누어 준 증서를 말해요. 800년경에 처음 발행되었고 15세기 들어 부쩍 늘어났어요. 결국 종교 개혁이 일어나는 발단이 되었습니다.

인물로 보는 세계사 이야기

나에게 자유가 아니면 죽음을 달라!
패트릭 헨리

영국은 신대륙에 처음으로 식민지를 건설했어요. 이후 영국은 식민지에 과도한 조세정책을 폈습니다. 프랑스와 전쟁에서 승리한 후에도 비옥한 지대를 인디언 보호구역으로 정하여 식민지 사람들의 불만을 샀어요. 그 결과 1775년 독립전쟁이 일어났고, 그 이듬해에는 미국이라는 새로운 나라가 탄생했어요.

〈벙커힐 전투에서 워런 장군의 죽음〉 — 존 트럼벌, 1786년

콜럼버스가 신대륙을 발견한 후 유럽인들은 하나둘 신대륙으로 건너갔습니다. 특히 영국이 제임스강 연안에 식민지를 조성하고, 1620년 청교도들이 메이플라워호를 타고 건너온 이후 신대륙은 발전하기 시작했습니다.

영국은 식민지에서 과도한 조세정책을 폈어요. 특히 프랑스와 식민지 전쟁에서 승리한 이후 비옥한 중서부 지역을 인디언 보호구역으로 지정했는데, 무리한 조세정책은 그곳으로 진출하려는 식민지 사람들의 기대를 저버린 것이었습니다.

패트릭 헨리의 초상화 — 조지 백비 매튜, 1891년경

결국 식민지에 거주하는 사람들은 반발을 일으켰어요. 1770년 보스턴에서 영국군과 시민이 충돌해 시민 5명이 사망했고, 1773년에는 보스턴 시민들이 영국의 '차 조례'에 반대하며 항구에 정박 중이던 선박을 습격하고 차 상자를 바다에 던져 버린 사건이 일어났습니다.

1775년 버지니아 의회의 의원 패트릭 헨리(1736~1799)는 결연한 자세로 의회에서 다음과 같이 주장했습니다.

"사태를 가볍게 보아선 안 됩니다. 이제 평화는 없습니다. 우리의 동지들은 지금 전쟁터에 있는 것이나 다름없습니다. 그런데 우린 그저 팔짱을 끼고 바라보고만 있다니 이게 말이 됩니까? 여러분이 진정으로 바라는 것은 무엇입니까?"

그는 잠시 좌중을 둘러보더니 더욱 큰 소리로 이렇게 외쳤어요.

"나에게 자유가 아니면 죽음을 달라!"

마침내 1775년에 북미 13개 주가 뭉쳐 독립전쟁을 일으켰고, 1776년에는 영국으로부터 독립을 선언했어요. 바로 미국이라는 나라가 탄생한 것입니다. 독립전쟁은 7년간 계속되었고 1783년에 파리조약에서 드디어 독립이 승인되었습니다.

〈버지니아 주 하원 앞의 패트릭 헨리〉
- 피터 F. 로더멜, 1851년

미국은 이후 서부까지 영토를 확장하였으며, 세계 곳곳에서 이민자들을 받아들이는 정책으로 부강한 나라의 기틀을 다졌어요. 대신 본래 그곳에 살던 원주민들은 생활의 터전을 잃었습니다. 인디언들이 살던 대륙에서 다양한 인종과 다양한 문화가 뭉쳐서 발전을 이룬 나라가 바로 미국입니다.

인물로 보는 세계사 이야기

나는 영국과 결혼했다
엘리자베스 1세

영국은 여왕이 통치하던 시절 많은 발전을 이루었어요. 엘리자베스 1세는 스페인 무적함대를 무찌르고 영국을 유럽 최강의 해상 제국으로 만들었고, 빅토리아 여왕은 영국을 해가 지지 않는 나라로 만들었습니다. 영국의 발전을 이끈 엘리자베스 1세는 어떤 인물이었을까요?

〈스페인 함대의 패배〉 - 필립 제임스 라우더버그, 1796년

영국은 여왕이 통치하던 시절에 가장 많은 발전을 이루었습니다. 엘리자베스 1세(1533~1603) 때가 그랬고, 빅토리아 여왕(1819~1901)이 다스리던 시대는 영국의 최전성기였습니다.

헨리 8세(1491~1547)의 딸로 태어난 엘리자베스 1세는 어린 시절에 험난한 역경을 거쳐야 했어요. 어머니 앤 불린은 아들을 낳지 못한다는 이유로 처형을 당했고, 헨리 8세가 죽자 이복 언니 메리 1세가

영국을 세계적인 해상 강국으로 발전시킨 엘리자베스 1세

즉위하면서 엘리자베스 1세는 런던탑에 갇히게 되었습니다. 그러나 메리 1세는 왕위에 오른 지 5년 만에 죽었고, 1558년 엘리자베스 1세가 스물다섯 살의 나이로 왕위에 오르게 되었습니다.

엘리자베스 1세는 의지가 강하고 총명했어요. 즉위하자마자 통일령을 공표하여 영국 국교회를 확립해 나갔고, 1588년에는 스페인의 무적함대를 무찔러서 해상 강국의 토대를 마련했습니다.

당시 스페인은 신대륙 경영을 바탕으로 막대한 양의 은을 들여와, 유럽에서 가장 강한 나라였습니다. 특히 최강의 함대를 갖춰 무적함대라고 불렸지요. 하지만 작으면서도 빠른 영국 함대에 무너지며 해상권을 영국에 내주었습니다.

엘리자베스 1세는 상업을 중요시하는 정책으로 전성기를 이루었고, 문화적인 측면에서도 셰익스피어와 스펜서, 존슨 그리고 철학자 베이컨 등 걸출한 인물들이 나타났습니다. 그런데 문제가 생겼어요. 유럽에서는 왕실 간에 정략결혼을 하는 풍습이 있었는데, 엘리자베스 1세에게도 다른 나라의 왕실과 결혼하라는 성화가 빗발쳤던 겁니다. 그때 엘리자베스 1세는 이렇게 말했습니다.

"나는 영국과 결혼했다."

그녀는 평생을 독신으로 살아 '처녀왕'으로 불리기도 했습니다.

엘리자베스 1세는 사실 신하인 월터 롤리 경(1554~1618)을 마음에 두고 있었어요. 월터 롤리 경은 옥스퍼드에서 공부한 뒤 프랑스의 신교도인 위그노를 구원하기 위해 의용군에 참가했던 해군 장성이자 작가였습니다. 그는 아일랜드의 반란을 진압하는 데 공을 세우며 그 능력을 인정받았지만 둘의 사랑은 이루어지지 않았습니다.

엘리자베스 1세는 영국을 강대국으로 만든 뒤 1603년 숨을 거두었습니다. 여왕이 죽은 후 월터 롤리 경은 런던탑에 12년간이나 갇혀 있다가 1616년 감금에서 풀려났으나 결국 2년 뒤 사형을 당하고 말았습니다.

인물로 보는 세계사 이야기

짐이 곧 국가다!
루이 14세

태양왕 루이 14세는 절대왕정 시기였던 프랑스 부르봉 왕조의 대표적인 전제군주로, 최고의 권력을 누려 태양왕이라고 불립니다. 그는 베르사유 궁전을 지어 유럽 문화의 중심이 되게 했어요. 하지만 신교도를 박해했고 화려한 궁정 생활로 프랑스의 재정 결핍을 초래했습니다.

〈프랑스 루이 14세의 결혼식〉 － 자크 라우모니에, 17세기

서양 역사에서 100년이 넘게 전쟁을 벌인 적이 있다는 걸 알고 있나요? 영국과 프랑스는 1337년부터 1453년까지 전투와 휴전을 거듭하며 전쟁을 치렀습니다. 이것을 백년전쟁이라고 하는데, 원인을 파고 들어가 보면 왕위 계승 문제와 상속, 그리고 경제 문제가 얽히고설키어 있습니다.

백년전쟁은 애국 소녀 잔 다르크(1412~1431)의 활약으로 프랑스가 승리를 거두고 유럽 강대국으로 떠올랐고, 프랑스에서는 특히 절대왕정이 확립되

〈루이 14세의 초상화〉 - 이아생트 리고, 1702년

는 계기가 되었습니다. 절대왕정이란 왕이 국가의 모든 권력을 장악하고 통치하는 것을 말하는데, 이 절대왕정의 최고 시기는 루이 14세(1638~1715)가 지배하던 때입니다.

루이 14세가 최고의 권력을 지니게 된 데는 재무총감 콜베르(1619~1683)의 역할이 컸습니다. 콜베르는 상업을 중요시하는 중상정책을 펴서 프랑스를 유럽 최강으로 만들었고, 따라서 자연히 루이 14세의 위세도 높아졌습니다.

루이 14세는 스스로 자신을 태양왕이라고 부를 정도로 막강한 권력을 지니고 있었어요. 그러자 국가가 더 중요하다며 왕의 권력이 지나치다고 비판하는 목소리가 들려왔습니다. 이에 대하여, 루이 14세는 말했어요.

"국가라고? 짐이 곧 국가이니라."

또 그는 절대왕권을 유지하기 위하여 왕권신수설을 내세우고, 곧 왕의 권력은

신에게서 받은 절대적인 것이라는 주장을 폈습니다. 황태자의 시강(궁전에서 왕이나 왕자에게 학문을 강의하는 사람)이었던 보쉬에의 저서 《성서의 말씀에서 이끌어낸 정치술》에는 다음과 같이 쓰여 있습니다.

'신의 권위는 끝이 없으며 절대적이다. 군주를 한 개인으로 보아서는 안 된다. 군주는 하나의 공적 인격이다. 온 나라는 그의 품에 있으며 모든 백성의 의지는 오로지 그의 의지에 속해 있다. 모든 권력은 신의 품에 안겨 있듯

잔 다르크 동상

이 모든 힘은 왕의 인격에 속해 있는 것이다. 한 사람이 이토록 많은 것을 몸으로 실현하다니 이 얼마나 위대한가. 옥좌를 보라. 거기서 모든 질서가 생긴다. 그는 천상의 높은 옥좌에 앉아 온 우주를 다스리는 신의 영상이니라.'

이러니 루이 14세의 교만은 그칠 줄을 몰랐습니다. 그는 외국 정벌을 거듭하여 국고를 낭비하고 그 부담을 국민에게 돌렸으며, 만년에는 위그노(신교도)에 대한 신앙의 자유를 인정했던 '낭트 칙령'을 폐지하고 신교를 탄압하여 프랑스의 산업과 경제에 큰 타격을 입히기도 했어요. 그리고 이것은 훗날 프랑스혁명이 일어나는 데 씨앗이 되었습니다. 루이 14세는 1715년 숨을 거두며 이런 말을 남겼어요.

"짐은 이제 죽는다. 그러나 국가는 영원하리라."

애국 소녀 잔 다르크

〈오를레앙 앞에 말을 타고 선 잔 다르크〉 - 장 피코르, 1506년

백년전쟁의 막바지, 프랑스를 위기에서 구해 낸 이는 잔 다르크라는 소녀였어요. 1429년 신의 계시를 듣고 전쟁에 참여해 앞장서서 영국군을 물리쳤습니다. 하지만 1431년 마녀로 낙인 찍혀 화형을 당했고, 1456년에야 명예를 회복했습니다. 가톨릭 교회에서는 1920년에 잔 다르크를 성녀로 추대했습니다.

2
EVENT

사건으로 보는 세계사 이야기

사건으로 보는 세계사 이야기

세계의 불가사의, 쿠푸왕의 무덤
피라미드

기원전 2500년에 만들어진 것으로 추정되는 쿠푸왕의 피라미드는 현대 과학으로도 풀 수 없는 놀라운 석조 건축물이에요. 2.5톤이나 되는 돌을 230만 개나 쌓았고, 네 모서리는 정확히 동서남북을 가리키지요. 도대체 왜, 그리고 어떻게 쌓은 걸까요?

기자에 있는 피라미드군. 가장 큰 것이 쿠푸왕의 피라미드이다.

이집트에는 94개의 피라미드가 남아 있어요. 그중 기자에 있는 쿠푸왕의 피라미드는 높이가 147m(꼭대기 부분이 파손되어 현재는 137m), 길이가 230m나 되어 마치 산처럼 보이기도 합니다. 평균 2.5톤이나 되는 돌을 230만 개나 쌓아 올려서, 돌로 만든 건축물 중에는 세계에서 가장 큽니다. 신기한 것은 돌을 전부 다른 곳에서 가져와 쌓았고, 피라미드의 네 모서리가 정확히 동서남북을 가리킨다는 점이지요. 얼마나 웅장하고 정교한지 오늘날의 기술로는 도저히 만들 수 없다고도 합니다. 그래서 한때 세계 7대 불가사의의 하나로도 불렸답니다.

도대체 이 피라미드는 어떻게, 그리고 왜 만든 걸까요? 답은 고대 그리스의 역사가인 헤로도토스(BC 484?~430?)의 《역사》라는 책에서 찾을 수 있습니다.

'쿠푸왕은 모든 신전의 문을 닫아걸고 이집트인들의 예배를 금지시킨 뒤, 피라미드를 건설하는 데 동원했다. 돌은 아라비아의 채석장에 있는 거대한 바위를 나일강을 통해 배로 실어 나르고 이를 류피아산으로 옮겼다. 돌을 나르기 위해 길을 만드는 데만 10여 년의 세월이 흘렀고, 피라미드를 세울 지대와 왕의 관을 안치할 지하실을 만드는 일에만 10년이 걸렸으며, 피라미드의 몸체 제작에는 20년이 걸렸다. 이 일에는 무려 10만여 명이 3개월씩 교대로 동원되었다. 이렇게 만든 피라미드는 쿠푸왕 자신의 무덤이었다.'

도대체 쿠푸왕은 자신의 무덤을 왜 이렇게 크게 만든 것일까요? 당시 이집트인들은 사람이 죽으면 영혼이 빠져나갔다가 다시 돌아온다고 믿었어요. 죽은 후에도 삶을 계속 이어 간다고 믿은 것입니다. 그래서 시신의 몸을 보호하기 위하여 미라로 만들었는데, 미라로 만들어지는 것은 왕인 파라오만이 가능했습니다.

그러면 피라미드 내부를 들여다볼까요? 입구는 북쪽에 있고, 땅에서 약간 높은 위치에 있는 입구로 들어가면 아래로 내려가게 되며, 이 길은 암반 밑에 설치된 제1차 매장실로 이어집니다. 그리고 그 위에는 '왕비의 방'인 제2차 매장실이 있습니다. 제1차 매장실은 긴 창구가 뚫려 있어서 보름달이 뜨면 달빛이 그 창구로 들어와 정확히 미라의 얼굴을 밝힌다고 합니다.

혹시 미라의 저주에 대해 들어 봤나요? 투탕카멘왕의 무덤 발굴에 참가한 사람들 중 몇몇이 이상한 일로 죽은 뒤 피라미드 발굴에 참가했던 사람들이 미라의 저주 때문에 하나둘씩 죽는다는 무시무시한 이야기가 전해졌습니다. 하지만 이것은 소문일 뿐, 과학적으로는 전혀 근거가 없는 이야기랍니다.

멕시코의 피라미드

멕시코 치첸이트사의 엘 카스티요 피라미드

피라미드는 이집트에만 있는 것은 아니에요. 멕시코에는 이집트보다 더 많은 수의 피라미드가 기원전 10세기부터 수백 년 전까지 꾸준하게 건설되어 세워져 있습니다. 멕시코 피라미드의 특징은 꼭대기를 편평하게 만들어 제사를 지내는 공간을 만들었다는 점입니다.

사건으로 보는 세계사 이야기

역사가 된 신화, 트로이 전쟁
트로이의 목마

기원전 1250년경 그리스와 트로이는 전쟁을 벌였어요. 이것은 트로이의 왕자가 스파르타의 왕비를 납치했기 때문에 벌어진 전쟁이에요. 그리스는 10만 대군을 동원했지만 트로이 성은 꿈쩍도 하지 않았어요. 그래서 생각해 낸 것이 커다란 목마를 만들어 병사를 숨겨서 성 안으로 들여보내는 것이었어요.

트로이 유적지 입구에 있는 목마 모형

트로이의 목마 이야기는 너무나 흥미진진합니다. 기원전 1250년경, 고대 그리스와 트로이는 전쟁을 치렀어요. 이때 그리스군이 목마에 병사들을 숨겨 트로이의 성 앞에 두고 물러가자 트로이군은 그것을 성 안으로 옮겨 놓았는데, 밤이 깊어지자 목마에서 그리스 군사들이 우르르 몰려나와 트로이를 무찔렀다는 겁니다.

이 이야기는 호메로스의 서사시 〈일리아드〉에 나옵니다. 이에 따르면 트로이의 왕자 파리스가 스파르타의 왕비인 헬레네를 납치해서 전쟁이 일어났다고 해요. 바다의 여신 테티스와 펠레우스가 결혼식을 올렸는데, 싸움과 복수의 여신인 에리스는 그 결혼식에 초대받지 못했대요. 그러자 화가 난 에리스는 황금 사과를 던졌고 이 사과를 제우스의 아내인 헤라와 미의 여신 아프로디테, 지혜의 여신 아테나가 서로 가지려고 다투었어요. 왜냐하면 황금 사과에는 작은 글씨로 '가장 아름다운 여신에게'라고 적혀 있었기 때문입니다. 이후 '황금 사과'라는 말은 다툼의 원인이 되는 대상을 의미하게 되었습니다.

세 여신은 누가 사과의 주인이 될지 파리스에게 판정해 달라고 부탁했고, 파리스는 미의 여신 아프로디테를 사과의 주인으로 정했어요. 그러자 아프로디테는 그 보답으로 파리스에게 세상에서 가장 아름다운 여인을 아내로 맞게 해 주겠다는 약속을 했지요. 그 여인이 바로 헬레네였고, 결국 파리스는 헬레네를 납치하게 된 것입니다.

아내를 빼앗긴 헬레네의 남편 메넬라오스는 형인 아가멤논과 함께 트로이 원정길에 나섰는데, 이것이 바로 트로이 전쟁의 시작입니다. 그리스는 10만 대군으로 트로이의 성을 포위했지만 트로이는 완강하게 버텼어요.

그렇게 10년 동안 전쟁을 벌이다 생각해 낸 것이 바로 커다란 목마를 만들고 그 속에 병사를 숨겨 성 안으로 들이는 것이었습니다. 이 작전으로 그리스는 트로이를 무찔렀고, 헬레네는 다시 그리스로 돌아오게 되었습니다.

샤늘르우르파의 괴베클리 테페 유적지

   그저 흥미로운 신화로만 전해지고 있던 이 이야기는 한 남자가 트로이 유적을 발견하면서 새롭게 주목받게 되었어요. 19세기 후반에 독일의 사업가 하인리히 슐리만(1822~1890)은 호메로스의 〈일리아드〉를 사실이라 믿고 그 유적을 찾아 나섰어요. 그리고 마침내 1870년에 아나톨리아 북서부에서 트로이 유적지를 찾아낸 것입니다.

   슐리만은 이후에도 미케네와 티린스 등을 발굴하여 고대 그리스 고고학의 창시자로 불리게 되었을 뿐 아니라, 고고학의 발전에도 큰 기여를 했어요. 트로이 목마는 이와 같이 고고학뿐 아니라 문학이나 다른 예술 분야에도 막대한 영향을 끼쳤습니다. 세상에는 아직도 수많은 신화가 있습니다. 그중에는 트로이처럼 어딘가에서 역사적인 사실로 밝혀질 날을 기다리고 있는 이야기도 있겠지요.

사건으로 보는 세계사 이야기

마라톤과 살라미스 해전
페르시아 전쟁

기원전 500년경 페르시아가 그리스를 침공하자, 그리스는 마라톤 벌판에서 페르시아군을 무찔렀어요. 이 소식을 알리기 위해 40여 km를 쉬지 않고 달려온 한 병사는 "승리!"를 외치고는 쓰러져 숨을 거두었어요. 그리스는 20년 뒤 다시 쳐들어온 페르시아를 이번에는 살라미스 해전에서 이겨서 또 무찔렀습니다. 이것이 동서양이 치른 최초의 전쟁인 페르시아 전쟁이에요.

마라톤 벌판에서 40여 km를 쉬지 않고 달려와 그리스의 승리를 전한 필립피데스의 동상

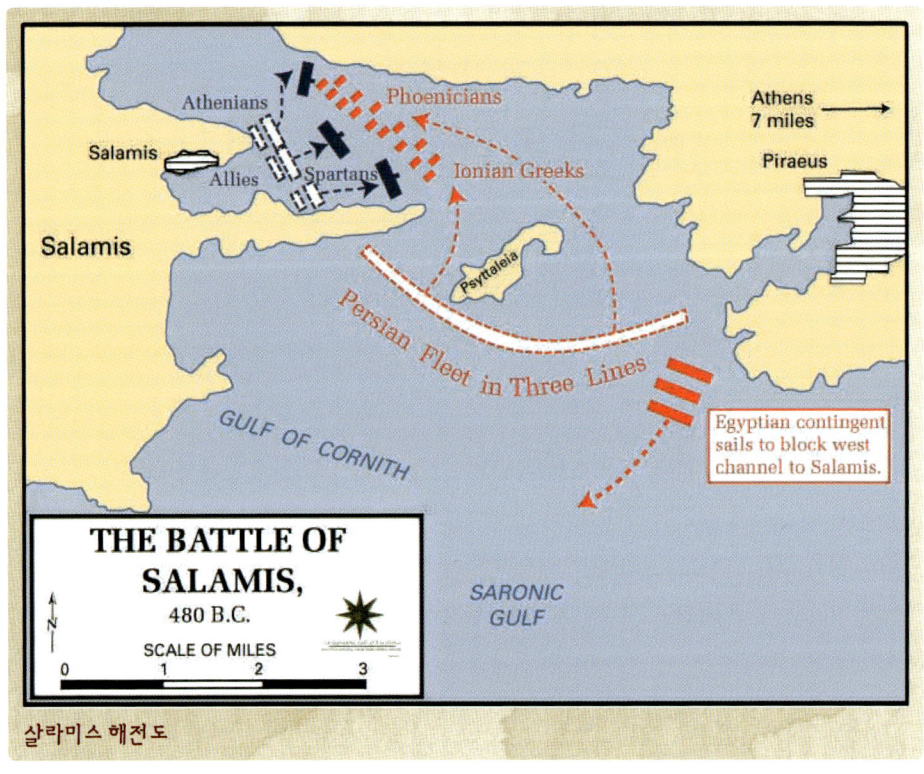

살라미스 해전도

"승리했습니다! 윽!"

한 병사가 아테네로 들어서면서 이렇게 외치고는 쓰러졌습니다. 그리스군이 열 배가 넘는 페르시아 대군을 물리치고 승리했다는 소식에 아테네 사람들은 기뻐했어요. 하지만 필립피데스라는 그 병사는 40여 km를 쉬지 않고 달려오는 바람에 너무 지쳐서 그만 숨을 거두고 말았습니다. 그리고 이 일화는 마라톤 경기의 유래가 되었지요.

기원전 500년경 페르시아는 거대한 영토를 지닌 대국이었습니다. 이에 비해 그리스는 폴리스라는 여러 도시국가들로 이루어져 있었어요. 그리스는 문화가 발달했고, 특히 민주주의 정치를 하고 있었으며, 소아시아 서남해안 일대에 여러 식민지를 갖고 있었어요. 페르시아는 이 식민지들을 점령했고, 마침내 그리스 본토까지 쳐들어왔어요. 이것이 바로 동서양이 처음으로 전쟁을 치른 페르시아 전쟁입니다.

두 나라는 아테네 근방의 마라톤 벌판에서 충돌했습니다. 페르시아가 호랑이라면 그리스는 고양이 정도에 불과해서 그리스가 지는 것은 당연해 보였어요. 하지만 이 싸움에서 그리스군이 기적적으로 승리한 겁니다.

그러나 페르시아는 다시 쳐들어왔어요. 기원전 480년 크세르크세스 1세가 이끄는 페르시아군이 그리스를 침공한 것입니다. 위험에 빠진 아테네는 모든 시민을 해상으로 빠져나가게 했고, 아테네를 점령한 페르시아군은 도시를 파괴했습니다. 하지만 강한 해군이 있었던 아테네는 테미스토클레스가 이끄는 100여 척의 함대로 페르시아 해군을 크게 무찔렀습니다. 이것이 그 유명한 살라미스 해전이에요.

"더 이상은 안 되겠어."

결국 페르시아의 크세르크세스 1세는 그리스에 대한 침략을 단념하였습니다.

이렇게 페르시아 전쟁에서 승리한 아테네는 민주정치를 더욱 발전시키게 되었으며, 서양 역사에 커다란 영향을 끼쳤습니다.

사건으로 보는 세계사 이야기

세상을 뒤흔든 바다의 용사들
바이킹

바이킹은 8~11세기에 스칸디나비아와 덴마크 등지에 거주하면서, 해로를 통하여 유럽 각지로 진출한 노르만족을 말합니다. 그들은 항해술이 뛰어나고 상업을 주로 했으나, 여러 지역에서 약탈도 많이 했기에 바이킹이라고 하면 해적을 뜻하는 말로도 쓰이게 되었어요. 한때 유럽을 뒤흔들었던 바이킹에 대해 알아볼까요?

바이킹의 활동 무대

'바이킹'이라고 하면 먼저 해적을 떠올릴 겁니다. 1,000여 년 전 그들은 북유럽의 스칸디나비아반도와 덴마크 등지에 살면서 유럽 전역을 헤집고 다녔거든요. 네덜란드, 독일, 프랑스 등지에서는 이들을 노르만족이라고 부르며 공포의 대상으로 여겼어요.

바이킹들의 전투를 재현한 모습

노르만족이란 북방인이라는 뜻입니다.

바이킹이라는 말은 '만'을 뜻하는 아이슬란드 말 '비크(vik)'에서 유래해요. 만이란 바다가 육지 안으로 들어온 지형을 뜻하는데, 바이킹은 '만에 사는 사람'이라는 뜻이고, 나중에는 항해자를 뜻하기도 했습니다.

바이킹들은 여러 부족이 있었고, 부족 단위로 공동생활을 했습니다. 그들은 모험심이 대단하고 항해술이 뛰어나 세계 곳곳으로 진출했어요. 프랑스의 노르망디와 잉글랜드를 점령했고, 아이슬란드와 그린란드도 침략했어요. 또 발트해의 노브고로드 공국과 키예프 공국 등에 식민지를 세웠으며, 지중해에서는 시칠리아 왕국을 세우기도 했어요. 그들은 해적질도 했지만 당당하게 교역을 더 많이 하였습니다.

그런데 바이킹은 왜 이렇게 세계 곳곳으로 진출했던 걸까요? 우선 이들의 본거지인 북유럽 땅이 너무 척박했기 때문입니다. 식량 자원이 모자라서 새로운 정착지를 찾아 바다로 진출했던 것이지요.

바이킹은 심지어 콜럼버스보다 먼저 아메리카 대륙을 발견했다고 합니다. 아이슬란드 역사가들에 따르면 그린란드를 발견한 에릭의 아들 에릭슨이 1000년경 부하 35명을 데리고 오랜 항해 끝에 새로운 땅을 발견하고 빈란드라는 이름을 붙였다고 합니다. 빈란드의 위치가 어디인지는 의견이 분분하지만 여러 가지를 종합해 볼 때 대서양 연안의 노바스코샤반

바이킹은 오늘날 해적을 넘어 모험가로 불린다.

도, 아니면 뉴잉글랜드 근처로 추정됩니다. 이것으로 볼 때 바이킹을 단순히 해적이라고 부르기보다는 모험가라고 부르는 것이 옳은 것 같습니다.

이야기 속 이야기

뷔페의 유래

바이킹들은 늘 배를 타고 다니므로 제대로 먹지를 못했어요. 그래서 배에서 내렸다 하면 가져온 음식들을 쭉 늘어놓고 포식을 했어요. 여기에서 뷔페가 생겨났다고 합니다. 스웨덴에서는 뷔페식으로 먹는 것을 '스뫼르고스보르드'라고 하는데, 스뫼르는 빵과 버터를, 고스는 닭과 오리 같은 가축류 구이, 보르드는 널빤지를 의미해요.

사건으로 보는 세계사 이야기

모든 길은 로마로 통한다
로마 제국

로마 제국은 서양에서 가장 큰 영토를 이룩한 나라입니다. 또한 경제와 문화, 학문, 예술을 발달시켜 유럽에 엄청난 영향을 끼쳤어요. 그래서 '모든 길은 로마로 통한다', '로마에 가면 로마법을 따르라'라는 속담까지 생겼습니다. 하지만 그런 로마 제국도 멸망은 피할 수 없었어요. 그 이유가 무엇일까요?

로마 제국은 서양 역사에서 가장 큰 대국을 이루었어요. 제국 각지에는 로마식 도시가 세워졌고, 정복지의 주민에게는 로마 시민권이 주어져 로마 문화가 구석구석까지 스며들었지요. 로마의 번영은 2세기에 이르러 절정에 다다랐고, 도시의 중앙에는 광장을 두고 신전 및 원형 극장, 공중 목욕탕 등이 만들어 졌습니다.

경제도 매우 발전하여 제국 각지의 특산품 거래가 자유로이 이루어지고, 안정된 통화의 뒷받침으로 인도와 중국과의 교역도 성행했어요. 특히 길을 잘 닦아서 이런 말이 생겨났습니다.

"모든 길은 로마로 통한다."

또 이런 속담도 생겼어요.

"로마에 가면 로마의 법을 따르라."

이 속담의 기원은 아우구스티누스(354~430)가 단식일이 서로 다른 것에 대해 선배인 암브로시우스(339~397)에게 물은 데에서 비롯합니다. 암브로시우스는 이렇게 말했어요.

"나는 여기 밀라노에 있을 때는 일요일에 단식을 하지 않네. 그러나 내가 로마에 있다면 일요일에 단식을 하지."

그러나 번영하던 로마 제국에도 위기가 싹트고 있었습니다. 특히 노예제에 너무 의존한 것이 문제였어요. 노예들은 대부분 전쟁 포로였는데, 이들 노예를 이용하여 라티푼디움이라는 대농장의 경영을 넓히자 자영농을 하는 사람들이 몰락하기 시작한 것입니다. 그 결과 부자와 빈자, 토지 소유자와 비소유자, 특권층과 박탈층이 심하게 분리되기 시작했어요.

로마의 경제는 본질적으로 약탈 경제로서 로마 문화의 유산이라고 자랑하는 도로망조차 군사적, 행정적 목적으로만 쓰인 것도 문제였습니다. 상업적으로 사용하려면 허가를 받아야 했는데, 그 허가가 난 적은 거의 없었다고 합니다. 많은 자영농이 몰락한 반면 귀족층은 사치와 향락 속에 빠져들어 갔어요. 결국 476년에 마지막 황제 로물루스 아우구스툴루스(재위 475~476)가 게르만의 오도아케르(434~493)에 의해 폐위되면서 서로마 제국은 멸망하고 말았습니다.

**로마의 원형 경기장 콜로세움.
기독교도를 탄압하기 위해
세워졌다고 한다.**

아우구스티누스

〈성 아우구스티누스〉 — 산드로 보티첼리, 1480년

초대 그리스도 교회가 낳은 위대한 철학자이자 사상가입니다. 고대문화 최후의 위인으로 부르는데, 중세의 새로운 문화를 탄생하게 한 선구자라고 하죠. 《참회록》, 《삼위일체론》, 《신국론》 등이 널리 알려져 있어요.

사건으로 보는 세계사 이야기

눈에는 눈, 이에는 이
함무라비 법전

세계 최초의 성문법인 함무라비 법전은 기원전 1750년경 바빌로니아의 제6대 왕 함무라비가 선포한 것으로, "남의 자식을 죽게 한 자는 그 자식을 사형에 처한다"는 등 보복적인 조항이 많지만 인류 사회 발달에 큰 영향을 끼쳤습니다.

"여기 이상한 글자들이 새겨져 있어요!"

프랑스의 페르시아 탐험대 중 누군가가 소리쳤어요. 탐험대는 1901년 페르시아만 북쪽에 있는 고대 도시 수사를 탐색하는 중이었어요. 탐험대를 이끌고 있는 드 모르강이 달려가 보니 세 동강 난 돌기둥에 글자가 가득 쓰여 있었습니다.

"설형문자다! 어서 연결해 보게!"

드 모르강은 자신도 모르게 큰 소리로 말했어요.

동강 난 돌기둥을 연결해 자로 재어 보니 길이는 2.25m이고, 둘레는 1.8m였습니다. 그리고 돌기둥의 맨 위에는 왕이 신으로부터 무엇인가를 받는 모습이 조각되어 있었습니다.

설형문자를 해석한 결과 상단에 그려진 그림은 바빌로니아 제1왕조의 제6대왕인 함무라비(기원전 1810~1750)가 태양신에게 법전을 받는 것을 그린 것이고, 돌기

태양신으로부터 법전을 받는 함무라비왕

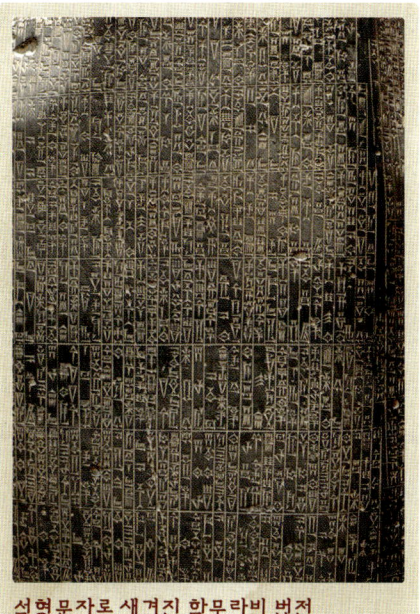
설형문자로 새겨진 함무라비 법전

둥에 새겨진 글은 법전이었습니다. 이것을 함무라비 법전이라고 부르는데, 세계 최초의 성문법으로, 주변 여러 나라의 법률에 큰 영향을 끼쳤지요. 성문법이란 문서로 형식을 갖춰서 만들어 놓은 법을 말해요. 이에 비해 일정한 형식이 없이 전해지는 법은 불문법이라고 합니다.

돌에 새겨진 법 조항은 모두 282개로, 여기에는 범죄에 대한 형벌은 물론 토지와 재산, 결혼, 상속 등 생활 전반에 걸친 문제를 다루고 있습니다. 특히 '이에는 이, 눈에는 눈'이라고 표현되는 형벌 규정이 유명하지요. 이것은 '만약 누군가가 다른 사람의 눈을 상하게 하면 그의 눈도 상하게 한다'는 것으로, 보복적인 성격이라고 볼 수도 있지만 확실한 원칙을 법으로 규정해 놓았다는 것이 중요합니다.

법전을 보면 당시의 사회 모습을 엿볼 수 있습니다. 당시 사회는 크게 세 계층으로 나뉘어 성직자와 귀족이 최고 계층을 차지하고, 상인과 시민이 중간 계층을,

노예가 최하 계층을 차지하고 있었습니다. 또 무역과 상업이 활발했다는 것과 토지와 가축 임대, 노예 매매 등도 빈번했다는 것을 알 수 있지요. 빌린 돈을 갚지 못해 차압할 경우 경작하는 소는 차압할 수 없다는 규정도 있는데, 이는 약한 자를 보호하기 위한 조항입니다.

그런데 바빌로니아 왕국의 법전이 왜 수사에서 발굴된 것일까요? 수사는 바빌로니아의 수도였던 바빌론에서 한참 떨어진 이란 남서부에 위치해 있는데 말이지요. 이 지역은 주변에 카룬강, 디즈강, 카르케강이 흐르는 비옥한 지대입니다. 먼 옛날 이곳에 엘람이라는 왕국이 있었어요. 이 왕국은 바빌로니아와 이란의 산악 지대 사이에서 중개 무역을 하며 발전했습니다. 기원전 1158년 엘람은 바빌로니아를 공격해 많은 것을 약탈했는데, 그중에 이 함무라비 법전이 새겨진 돌기둥도 있었어요. 이것을 1901년 프랑스의 페르시아 탐험대가 발굴한 것입니다.

'법전이 뭐가 중요해!'라고 생각하는 친구도 있을 거예요. 하지만 거꾸로 법전이 없다면 세상은 온통 나쁜 일을 저지르는 사람들로 가득해질지도 모릅니다. 그런 의미에서 세계 최초로 법률을 문서로 만든 함무라비 법전은 길이길이 보존할 인류의 보물이지요. 이 법전은 현재 프랑스의 루브르 박물관에 보관되어 있습니다.

이야기 속 이야기

고조선의 '팔조법금'

고조선에도 법이 있었어요. 여덟 가지 조항으로 이루어져 있어 '팔조법금'이라 하는데, 후한의 학자 반고(32~92)가 지은 《한서지리지》에 세 가지가 전해집니다.

1. 사람을 죽인 자는 즉시 사형에 처한다.
2. 사람을 상해한 자는 곡물로써 배상한다.
3. 남의 물건을 훔친 자는 노비로 삼되, 자속(自贖: 배상)하려는 자는 50만 전을 내야 한다.

사건으로 보는 세계사 이야기

구석기인이 남긴 최고의 미술품
알타미라 동굴 벽화

서양 미술의 역사는 알타미라 동굴 벽화에서 시작합니다. 1~2만 년 전에 그려진 이 그림은 놀라울 정도로 선명하고 잘 그려진 그림이에요. 이 벽화를 발견한 것은 아홉 살짜리 소녀랍니다. 그 이야기 속으로 들어가 볼까요?

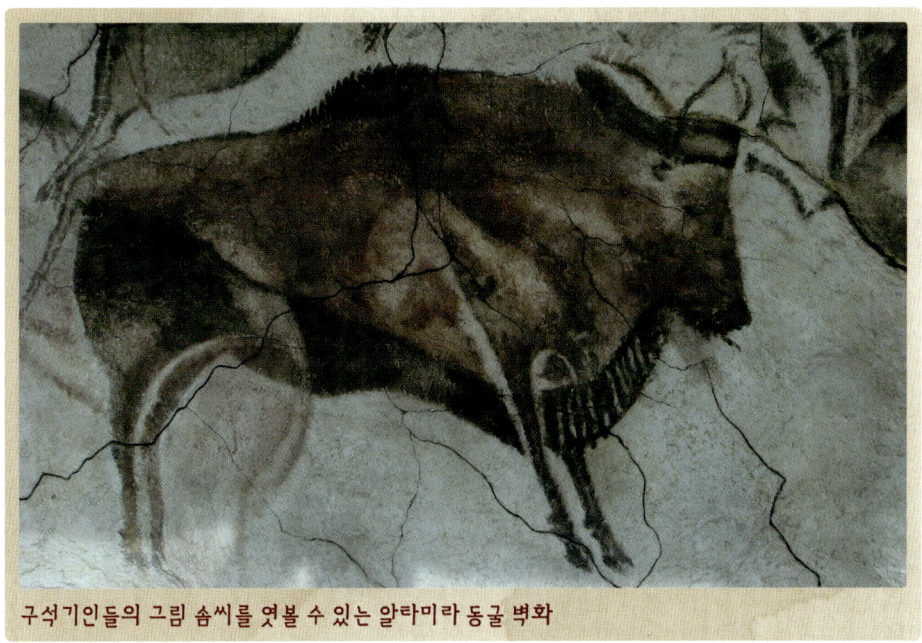

구석기인들의 그림 솜씨를 엿볼 수 있는 알타미라 동굴 벽화

"아빠! 여기, 소가 있어요!"

"뭐라고! 어디, 어디?"

사우투올라가 놀라서 달려가자 마리아는 천장을 가리켰어요. 그곳에는 들소 수십 마리가 그려져 있었는데, 크기는 작았지만 금세라도 벽에서 튀어나올 듯 생생했습니다.

"여기는 멧돼지도 있어."

자세히 보니 멧돼지 세 마리, 말 두 마리, 늑대 한 마리도 그려져 있었어요.

1879년 여름, 스페인 북부 칸타브리아 지방 산탄테르주에서 서쪽으로 30km 떨어진 한 동굴에서 발견된 이 그림들은 1~2만 년 전 구석기 시대 사람들이 남긴 것입니다.

본래 이 동굴은 1868년에 한 사냥꾼에게 발견되었습니다. 사냥꾼이 쫓던 여우가 좁은 바위틈으로 숨었는데, 그 바위틈으로 동굴이 이어져 있었던 거지요. 그 사실이 알려진 후 변호사이자 아마추어 고고학자인 사우투올라는 딸인 마리아와 함께 동굴을 찾았습니다. 동굴을 탐사하면서 아빠는 고고학자답게 바닥만 보았지만 마리아는 이곳저곳 살펴보다 천장에 그려진 벽화를 발견했던 것입니다.

사우투올라는 동굴에서 발견한 벽화들을 책으로 자세히 소개했어요. 그러나 책을 본 사람들은 믿지를 않았습니다.

"그림들이 너무 선명해. 사우투올라가 몰래 그림을 그려 놓았을 거야."

"구석기 사람들이 음영법과 원근법까지 쓸 줄 알았단 말이야?"

음영법이란 밝은 부분과 어두운 부분을 구분해 표현하는 것을 말하고, 원근법은 먼 곳은 희미하게, 가까운 곳은 뚜렷하게 그리는 것을 말합니다. 그렇게 그리면 그림이 훨씬 더 입체적으로 보이죠. 이와 같이 그림이 예사롭지 않았기 때문에 사우투올라는 거짓말쟁이로 몰렸던 것입니다.

그러나 20여 년이 흐른 뒤 그 그림들은 정말로 구석기 사람들이 남긴 것으로 밝혀졌습니다. 프랑스 남서부와 피레네산맥의 라스코 동굴 등 유럽 여러 곳에서도 비슷한 동굴 벽화가 20여 개나 새로 발견되었던 것입니다. 이

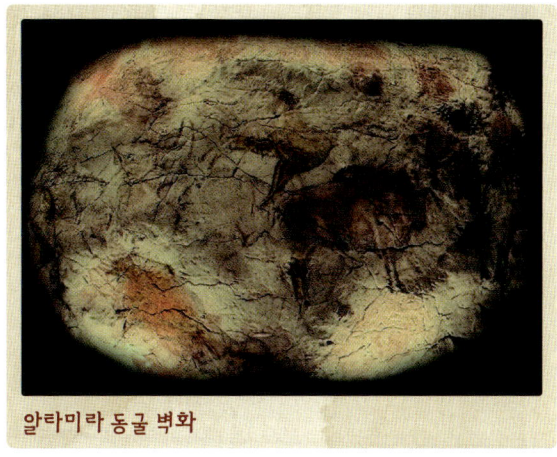

알타미라 동굴 벽화

벽화들 역시 대부분 동물 그림으로, 지금은 멸종된 매머드와 털이 난 코뿔소도 그려져 있습니다. 이후 사우투올라가 발견한 그림은 알타미라 동굴 벽화라고 불리게 되었고, 역사와 미술사에서 매우 중요한 자리를 차지하게 되었지요.

구석기 시대 사람들은 왜 동굴 속에 동물 그림을 그렸을까요? 그것은 아마도 사냥을 많이 할 수 있기를 바라는 마음을 표현한 것이라고 생각됩니다. 당시에는 농사도 지을 줄 모르고 가축도 키울 줄 몰랐으므로 동물을 최대한 많이 잡아야 먹고살 수 있었기 때문입니다.

알타미라 동굴은 오늘날 박물관으로 꾸며져 있고, 동굴 벽화를 보존하기 위해 특수처리까지 해 놓았습니다. 또 이 동굴 벽화를 포함해 스페인 북부와 프랑스 남부에 있는 10여 곳의 동굴 벽화는 1985년에 유네스코 세계문화유산으로 지정되었답니다.

라스코 동굴 벽화

라스코 동굴 벽화

프랑스 도르도뉴 몽티냐크 근처 베제르 계곡 절벽에 위치한 라스코 동굴에 있는 구석기 시대의 벽화입니다. 뿔이 휘어진 거대한 들소와 일각수, 여러 마리의 고라니, 황소, 말 등이 그려져 있어요. 기원전 1만 5000년~1만 3000년 사이에 그려진 것으로 알타미라 동굴 벽화와 쌍벽을 이룹니다.

사건으로 보는 세계사 이야기

청교도들은 왜 신대륙으로 떠났을까?
청교도

청교도는 16세기 후반 영국 국교회에 반항하여 생긴 개신교의 한 교파입니다. 칼뱅주의를 바탕으로 모든 쾌락을 죄악시하고 사치와 성직자의 권위를 배격했으며, 철저한 금욕주의를 주장했어요. 그러나 숱한 박해를 받아 1620년 신대륙으로 건너갔습니다.

엘리자베스 1세에 앞서 왕위에 오른 메리 1세에게는 '블러디 메리(피의 메리)'라는 좋지 못한 별명이 있습니다. 그녀는 독실한 가톨릭 신자였는데, 5년간 영국을 다스리며 개신교도들과 영국 국교도들을 무참히 살해했기 때문입니다.

이후 엘리자베스 1세가 왕위에 올라 상황이 진정되는 듯했지만 자식을 남기지 않고 죽어, 제임스 1세가 등극하면서 또다시 개신교들을 박해했어요. 영국 개신교도 중 청빈하고 깨끗한 신앙을 바탕으로 한 이상주의적 성격을 지닌 일파를 청교도라고 하였는데, 이들은 제임스 1세의 박해에 네덜란드로 망명길에 올랐습니다. 하지만 그곳도 안주할 만한 곳은 아니었고, 결국 영국의 청교도 102명은 1620년 메이플라워호를 타고 신대륙으로 건너가야 했어요. 그들은 신대륙에 상륙하기에 앞서 '메이플라워의 맹약'에 서명을 하고 '정치권력의 기초는 자유로운 개인의 동의를 얻는 데 있다'는 청교도적 사회계약을 맺었습니다. 이들의 서명과

계약은 훗날 미국의 정치에 커다란 영향을 끼쳤어요.

신대륙은 그들에게 미지의 땅이었습니다. 낯선 자연환경과 싸워야 했고 인디언들의 위협도 감수해야 했어요. 그러나 오로지 신앙의 자유를 갈구하며 새로운 나라를 세우겠다는, 당시로서는 차

최초의 이민선인 메이플라워호 모형

원 높은 청교도적 이상에 불타고 있었어요. 그들은 농사를 짓고 교회와 학교를 세우는 등 자신들의 이상을 실현하기 위해서 온 힘을 다했습니다. 그래서 훗날 그들을 '필그림 파더스'라고 부르게 되었어요.

그러한 노력이 오늘날 미국을 만들었으며, 미국인들은 필그림 파더스를 '건국의 아버지'라고 부를 정도입니다. 그들이 맨 처음 정착한 미국의 동북부는 그 전통을 이어받아 청교도적, 이상주의적 문화를 단단하게 다지면서 남부의 현실주의적, 물질적 문화와 팽팽하게 맞섰습니다. 그러한 대립이 노예제도의 시비를 불러왔고 급기야 남북전쟁이 일어난 것입니다. 아무튼 청교도들이 신대륙으로 건너간 것은 영국 왕들의 박해를 피하기 위해서였고, 그것이 또한 오늘날 미국이 건설된 계기입니다.

필그림 파더스

백악관에 전시되어 있는 〈필그림의 상륙〉 - 미셸 펠리체 코르네, 1805년

1620년 북아메리카 식민지 시대 뉴잉글랜드 최초의 영구 식민지가 된 매사추세츠주 플리머스에 정착한 사람들을 말해요. '필그림 파더스'라고 알려지게 된 것은 이들이 도착한 지 2세기 이후로, 1820년에 행해진 200주년 기념식에서 웅변가 웹스터가 처음 사용하여 널리 알려졌답니다.

사건으로 보는 세계사 이야기

절대왕정을 무너뜨린 시민혁명
프랑스 대혁명

인권이라는 말은 사람으로서 당연히 누려야 할, 인간답게 살 권리를 말해요. 이와 밀접한 역사적 사건이 바로 프랑스 대혁명입니다. 시민들이 절대왕정을 무너뜨리고 유럽 사회에 새로운 질서를 가져오게 한 사건이에요. 인권의 중요성과 민주주의 정신이 싹튼 프랑스 대혁명 속으로 들어가 볼까요.

〈바스티유의 습격〉 — 장 피에르 후엘, 1789년

서양 역사에서 프랑스 대혁명만큼 중요한 사건도 드뭅니다. 절대왕정을 무너뜨리고 인권과 민주주의 이념을 세웠거든요. 인권이라는 말은 사람으로서 당연히 누려야 할, 인간답게 살 권리를 말합니다.

혁명이 일어나기 전만 해도 프랑스 사회는 절대왕정의 최대 강국이었어요. 또한 성직자와 귀족들이 온갖 특권을 누리는 반면 평민들은 각종 세금을 떠안고 있었습니다.

당시 프랑스는 정치적, 사회적으로 매우 불안한 상태였어요. 루이 16세(1754~1793)의 방탕한 경영으로 재정은 바닥나고 각종 전쟁에 참가하는 바람에 국가가 빚더미에 올라 있었습니다. 루이 16세는 이를 타개하기 위해 귀족들에게도 세금을 부과하려 했어요. 그러나 귀족들의 반대에 부딪히자 삼부회를 열고 대책을 논의하기로 했습니다.

시민들은 이에 국민의회를 결성했습니다. 어차피 삼부회에서도 자신들에게 불리한 결과가 나올 것이 뻔했기 때문입니다. 루이 16세는 국민의회를 국가에 반항하는 단체라 생각하고 군대를 동원해 해산하려고 했지만 이를 안 시민들은 민병대를 조직해 1789년 7월 14일 바스티유 감옥을 습격했어요. 이날이 바로 프랑스 대혁명이 일어난 날입니다.

왕의 측근인 리앙쿠르 공이 바스티유 감옥의 습격 소식을 루이 16세에게 보고하자 그제야 루이 16세는 놀라면서 목소리를 높였어요.

"뭐라고? 그렇다면 반역이 아닌가!"

"폐하, 이것은 반역이 아니라 혁명이옵니다."

리앙쿠르 공은 또렷하게 대답했습니다. 이 이야기는 루이 16세의 사회적 무관심과 무지를 나타내는 것이고, 한편으로는 말의 뉘앙스를 중요하게 여기는 프랑스인들의 전통을 나타내는 표현이기도 합니다.

프랑스 대혁명을 나타낸 〈민중을 이끄는 자유의 여신〉 - 외젠 들라크루아, 1830년

한편 왕비인 마리 앙투아네트(1755~1793)도 도무지 사회에는 관심이 없고, 오로지 사치를 즐기기에 바빴습니다. 민중들이 베르사유 궁전으로 몰려와 빵을 달라고 아우성치자 이렇게 대답했어요.

"빵이 없으면 과자를 먹으면 되지, 왜들 몰려와서 저러는 것이지?"

혁명이 일어나자 루이 16세와 마리 앙투아네트는 오스트리아로 망명하려다가 붙잡혀서 형장의 이슬로 사라졌습니다.

프랑스 대혁명의 성공은 이후 서양 사회를 새로운 세계로 이끄는 계기가 되었답니다.

사건으로 보는 세계사 이야기

동방으로 가자!
동인도 회사

콜럼버스가 신대륙을 발견한 이후 유럽 각국은 세계 곳곳으로 진출했어요. 특히 인도의 향료와 중국의 차를 들여오기 위해 인도와 중국 등 동방으로 가려고 노력했지요. 그래서 만든 회사가 동인도 회사입니다. 아편전쟁까지 일으켰던 당시 영국의 동인도 회사에 대해 알아봅시다.

〈동인도 회사〉 - 토마스 말톤, 1799년

17세기부터 19세기까지 유럽 여러 나라들은 앞다투어 아시아로 진출했습니다. 그중 네덜란드와 영국, 프랑스는 동인도 회사를 설립하고 동방 진출에 앞서 나갔어요. 네덜란드는 1600년에 이미 인도 항로를 개척하여 향료 무역을 시작했고, 이에 자극을 받은 영국 런던의 상인들이 동인도 회사를 세워 엘리자베스 1세로부터 동인도 지역의 무역 독점권을 얻었습니다.

두 나라의 상인들은 당연히 부딪칠 수밖에 없었지요. 영국 상인들은 17세기에 들어와 아프리카에서 일본까지 활동 무대를 넓혔지만 네덜란드 동인도 회사와 격렬한 싸움에서 패하는 바람에 17세기 말에는 인도의 서해안에만 근거지를 두게 되었습니다.

당시 주요 사업은 인도의 면직물을 수입하는 것이었어요. 그러나 내륙지방에 대한 토지와 주민을 지배해 나가면서 1765년에는 무굴 황제로부터 벵골 지방의 조세 징수권을 양도받았습니다. 그 결과 18세기 중엽에는 인도에서 확고한 위치를 차지하게 되었습니다.

그러나 본국에서는 회사의 전제와 독점이 비난의 대상이 되어 인도의 행정은 점차 본국 의회의 감독하에 들어갔습니다. 1814년에 인도 무역의 독점과 차 무역의 독점이 폐지되었고, 회사도 국가에 넘어갔습니다.

이 와중에 영국은 무역적자를 해소하기 위하여 중국을 상대로 아편을 판매하였습니다. 아편은 마약이라서 한번 중독이 되면 쉽게 끊을 수 없고, 계속 피워야 합니다. 여기에 큰 역할을 한 것이 동인도 회사로, 벵골 지방에서 아편을 재배해 중국에 몰래 팔았어요.

그러자 중국의 도광제(1782~1850)는 특사를 파견해 광저우에서 일어나는 아편 거래를 막게 했습니다. 그러나 영국 상인들은 의회를 움직여 군대를 파견하게 하였고, 마침내 1840년 엘리어트가 4,000명의 병력을 이끌고 광동 앞바다 도착해 선전포고를 하고 전쟁을 시작했어요. 이것이 바로 아편전쟁입니다.

영국의 최신예 군대와 낡은 중국 군대는 싸움이 되지 않았습니다. 영국군이 1841년 가을 닝보를 점령하고, 이듬해에는 상하이와 난징까지 진격하자, 중국은 불리한 조건에서라도 타협할 수밖에 없었어요. 1842년 8월 난징에서 양국이 조약을 체결했는데, 이 체결로 홍콩이 영국으로 넘겨졌고, 상하이 등 5개 항구를 개방하게 되었습니다. 또한 중국은 영국에 전쟁 배상금과 몰수한 아편 배상금 등 1,800만 달러를 3년 안에 지불하기로 했습니다.

이후 프랑스와 미국 등 서양의 여러 나라들이 중국에 진출하게 되었고, 오랫동안 지속되던 봉건사회가 서서히 무너지면서 동방의 문이 열리게 된 겁니다. 한편, 영국의 동인도 회사는 1858년 세포이 항쟁을 계기로 빅토리아 여왕에게 헌납되고 해산했습니다.

영프 연합군의 광저우 약탈

신사의 나라 영국이 일으킨 아편전쟁

〈아모이 요새의 습격에서 제18(아일랜드 왕립)보병연대〉 － 마이클 안젤로 헤이즈, 1841년

아편전쟁은 영국이 일으킨 전쟁 중 가장 부도덕한 전쟁으로 손꼽힙니다. "이것만큼 부정한 전쟁, 이것만큼 영국을 불명예로 빠뜨리게 할 전쟁을 나는 이제껏 보지 못했습니다." 영국의 글래드스턴(1809~1898) 의원이 아편전쟁을 해야 할지 하지 말아야 할지 결정하는 회의를 하는 국회에서 한 연설입니다. 그러나 그의 호소에도 불구하고 영국 의회는 결국 전쟁을 결정했습니다.

사건으로 보는 세계사 이야기

전쟁에 휩싸인 유럽
제1차 세계대전

제1차 세계대전은 1914년 6월 사라예보에서 한 세르비아 청년이 오스트리아 황태자 부부를 암살하면서 시작되었습니다. 독일과 오스트리아, 이탈리아가 손을 잡고 연합군에 맞섰지만 4년 만에 연합군의 승리로 막을 내렸어요. 이 와중에 미국은 놀라운 경제 발전을 이루었습니다.

제1차 세계대전의 원인이 된 사라예보 사건

1914년 6월 사라예보에서 세르비아 청년이 오스트리아 황태자 부부를 총으로 살해한 사건이 일어났어요. 이것이 바로 제1차 세계대전의 시작입니다. 오스트리아가 세르비아 왕국에 선전포고를 하자 러시아가 움직였습니다. 이에 독일이 맞대응을 벌이면서 다시 프랑스가 일어나고, 영국이 가세하는 등 연쇄반응이 일어나면서 유럽 전체로 전쟁이 확대된 것입니다.

　도대체 왜 이렇게 전쟁이 커진 것일까요? 여기에는 제국주의가 숨어 있습니다. 19세기 말에서 20세기 초, 유럽의 강국들은 제국주의 정책을 펴고 있었습니다. 그들은 세계 곳곳에 식민지를 차지하기 위해 서로 치열하게 경쟁하고 있었지요. 영국과 프랑스 등은 뒤늦게 식민지 쟁탈전에 뛰어든 독일을 견제하기 위해 러시아와 함께 삼국협상을 체결했습니다. 이에 대해 독일, 이탈리아, 오스트리아는 프

제1차 세계대전으로 유럽 전체는 전쟁에 휩싸였다.

랑스를 고립시키기 위해 삼국 동맹을 맺었습니다.

여기에 더해진 것이 독일, 오스트리아를 중심으로 하는 범게르만주의와 러시아, 세르비아가 뭉친 범슬라브주의의 대립입니다. 세르비아 청년이 오스트리아 황태자 부부를 살해한 것은 두 민족 간의 다툼으로 번졌고, 이것이 삼국협상 대 삼국동맹의 전쟁으로까지 확대되어 제1차 세계대전이 일어난 것입니다.

이 틈을 탄 미국은 경제 발전의 기회를 잡았습니다. 전

'승리 없는 평화'라는 연설을 한 미국의 윌슨 대통령

쟁에 필요한 군수품 주문이 미국으로 쏟아져 들어왔고, 미국은 엄청난 경제적 이익을 얻었습니다. 하지만 세계적인 비극을 더 이상 바라보고 있을 수는 없었던 윌슨 대통령(1856~1924, 미국 28대 대통령)은 1917년 1월 미 상원에서 '승리 없는 평화'라는 유명한 연설을 했습니다.

"지금 벌어지고 있는 전쟁을 하루빨리 끝내야 합니다. 전쟁을 종식시킬 조약, 또는 협상은 평화의 조건을 갖추어야 합니다. (중략) 평화는 승리 없는 평화라야 합니다. 승리란 패자에게 강제로 주는 평화, 패자에게 주어진 승자의 조건을 뜻합니다."

1918년 11월 독일의 항복으로 전쟁은 마침내 끝났고 이듬해인 1919년 윌슨은 노벨평화상을 수상했어요. 한편 제1차 세계대전은 여러 가지 획기적인 변화도 가져왔습니다. 이 시기에 탱크와 독가스, 잠수함이 개발되었고, 전투기도 등장했는데, 특히 전투기는 세계 항공 발전에 큰 역할을 했습니다.

이야기 속 이야기

국제연맹의 탄생

제1차 세계대전이 끝난 뒤인 1920년에 미국 윌슨 대통령의 제안으로 국제연맹이 설립되었어요. 그러나 1930년대 이후 계속되는 국제 분쟁에 국제연맹은 무기력한 모습을 보였고, 제2차 세계대전을 막는 데 아무런 역할도 하지 못했습니다. 결국 1946년 4월 18일 후계자 격인 국제연합이 창설되면서 국제연맹은 해체되었습니다.

사건으로 보는 세계사 이야기

인류 역사상 최악의 전쟁
제2차 세계대전

제2차 세계대전은 인류 최악의 전쟁입니다. 특히 히틀러는 아우슈비츠 수용소 등지에서 유태인들을 대량 학살했지요. 처음에는 독일과 일본 등이 승승장구했지만 시간이 흐르며 연합군이 유리해졌습니다. 이후 히틀러의 자살과 일본의 패망으로 전쟁은 끝났습니다. 제2차 세계대전은 이후 전 세계를 재편하는 결과를 가져왔어요.

제2차 세계대전을 일으킨 독일의 독재자 히틀러

독일은 제1차 세계대전의 패배로 엄청난 위기에 놓였습니다. 연합국에 막대한 배상금을 지급해야 했고, 국내에서는 실업자가 급증했습니다. 이런 와중에 유태계 사람들은 오히려 부를 축적해 나갔어요.

1944년 6월 6일 노르망디 상륙작전

독일을 다시 일으켜 세운 것은 히틀러(1889~1945)입니다. 1933년 독일 연방의 총리가 되어 정권을 잡은 히틀러는 제일 먼저 실업자를 구제하려 했고, 민족의식을 불러일으켜 국민을 단결시켰어요. 그때 문제가 된 것이 유태인들과의 마찰이었습니다. 당시 유럽에는 유태인에 대한 비판이 일고 있었는데, 히틀러도 그중 한 명이었습니다. 그는 유태인들이 세계를 지배하려 한다는 생각에 사로잡혀 유태인들을 세상에서 다 청소해야 한다고 마음먹고, 많은 유태인들을 잔인하게 학살했습니다. 아우슈비츠 수용소에서 독가스로 유태인들을 대량 학살한 것은 인류 역사상 최악의 사건입니다.

히틀러는 1939년 9월 폴란드를 침공했는데, 이것이 제2차 세계대전의 시작입니다. 독일은 이후 프랑스로 진격했고, 이탈리아, 일본과 3국 조약을 맺어 세계 곳곳에서 전투를 벌였습니다. 이에 영국과 프랑스, 미국, 소련, 중국 등은 연합을 맺어 맞섰습니다.

유럽은 물론 아시아와 아프리카 등 세계 곳곳에서 치열한 전투가 벌어졌고, 잔인한 학살이 일어났습니다. 초반엔 독일과 일본 등이 승승장구했지만 시간이 흐를수록 연합군의 기세가 커져 갔지요. 1945년 4월 히틀러는 전세가 불리함을 알고 자살을 선택했고, 미국이 히로시마와 나가사키에 원자폭탄을 투하하여 일본의 항복을 받아 내며 드디어 전쟁이 끝나게 되었습니다.

전쟁은 엄청난 사상자와 재산 피해를 가져왔으며 그 결과로 세계를 재편하게 했습니다. 전쟁 후 국제연합이 탄생했고, 미국과 소련은 각각 민주주의와 공산주의의 기수로 떠올라 이후 총성 없는 전쟁, 즉 냉전 체제를 형성했습니다. 한편 독일은 동서로 나뉘어 서쪽은 자본주의를, 동쪽은 공산주의를 표방하게 되었고, 우리나라도 남북으로 나뉘게 되었습니다.

미국은 공산주의가 확산되는 것을 막기 위해 마셜 플랜이라는 계획을 세워 서유럽 자본주의 나라들에게 전폭적인 지원을 시작했고, 1949년 나토(NATO, 북대서양 조약기구)를 만들었어요. 이에 맞서 소련도 1955년에 바르샤바 조약기구를 만들었지요. 그리고 많은 국가들이 독립을 하면서 세계지도가 바뀌었습니다.

이야기 속 이야기

국제연합(UN)

제2차 세계대전이 끝난 후 전쟁 방지와 평화 유지를 위해 설립된 국제기구입니다. 이후 정치, 경제, 사회, 문화 등 모든 분야의 국제 협력 증진을 위해 노력하고 있어요. 2007년에는 우리나라의 반기문 총장이 국제연합 사무총장에 취임했으며, 본부는 미국 뉴욕에 있습니다.

3
ORIGIN

유래로 보는 세계사 이야기

> 유래로 보는 세계사 이야기

인류의 불행과 희망이 시작되다
판도라의 상자

판도라의 상자는 제우스가 모든 죄악과 재앙을 넣고 봉해서 인간 세상으로 내려보냈다는 상자입니다. 판도라가 열어 보지 말라는 제우스의 명령을 어기고 상자를 열자 인간의 모든 불행과 재앙이 쏟아져 나오고 '희망'만이 그 속에 남아 있게 되었다고 해요.

판도라의 상자라고 들어 봤나요? 이 말은 온갖 고난과 고통, 역경이 우리를 괴롭히지만 아직 우리에겐 희망이 남아 있다는 말입니다. 또 돌이킬 수 없는 인간의 호기심은 문제를 일으키지만 희망이라는 허황된 존재 하나만을 끌어안고 산다는 말이기도 합니다.

판도라는 그리스 신화에서 제우스가 대장장이 신 헤파이스토스를 시켜서 진흙과 물로 만든 최초의 여자입니다. 제우스는 판도라에게 상자 하나를 건네고 절대로 열어 보지 말라고 하고는 에피메테우스의 아내가 되게 하였어요. 에피메테우스는 인간에게 불을 가져다 준 프로메테우스의 동생입니다.

판도라는 상자에 무엇이 들었는지 궁금함을 참지 못하고 제우스의 경고에도 불구하고 마침내 상자의 뚜껑을 열고 말았어요. 그러자 상자 안에서 연기가 피어오르며 온갖 악령들이 튀쳐나왔습니다. 판도라는 너무나 놀란 나머지 얼른 뚜껑을 덮었지만 이미 때는 늦었어요. 상자 안은 거의 빈 상태였고 인간들에게 화를 끼칠 재앙의 씨앗, 즉 갖가지 악령들은 이미 세상 곳곳으로 퍼져 나간 뒤였습니다.

그런데 판도라가 뚜껑을 덮었을 때 상자 안에는 마지막으로 한 가지가 남아 있었어요. 그것은 바로 희망입니다. 그래서 사람들은 온갖 어려움을 겪어도 한 가닥 희망을 품을 수 있게 되었다고 하지요.

판도라의 상자를 여는 순간 온갖 악령들이 뛰쳐나왔다고 한다. 〈판도라〉
- 존 윌리엄 워터하우스, 1896년

그렇다면 제우스는 왜 판도라에게 그렇게 나쁜 상자를 주었을까요? 처음 인간이 만들어진 뒤 그 수가 부쩍 늘어나며 나쁜 짓이 많이 생겨났습니다. 화가 난 제우스는 인간들을 비참하게 만들기 위해 불을 숨겼어요. 이를 본 프로메테우스가 제우스 몰래 태양신의 불 수레에서 불을 훔쳐 와 인간들에게 나누어 주었습니다.

제우스는 더욱 화가 나 인간들에게 더 큰 고통을 주려고 판도라가 상자를 열 것을 훤히 알면서도 상자를 주었던 것입니다.

그리스 올림포스 12신

- **제우스(Zeus)** 올림포스 최고의 신이자 하늘을 지배하는 신으로 모든 신과 인간의 아버지
- **헤라(Hera)** 신들의 여왕으로 크로노스와 레아의 딸이며 제우스의 정식 부인이자 누이이다.
- **포세이돈(Poseidon)** 제우스의 형제이자 신들 중 2인자로서 바다와 물의 신
- **아프로디테(Aphrodite)** 사랑과 미의 여신으로 여성의 생식력을 표현하는 신

로마 국립박물관에 있는 제우스상

- **아폴론(Apollon)** 태양의 신이자 궁술과 예언·의료·음악 및 시의 신
- **아레스(Ares)** 전쟁의 신
- **아르테미스(Artemis)** 달의 여신이자 사냥(수렵)의 여신
- **아테나(Athena)** 제우스의 머리에서 태어난 전쟁과 기예와 도시의 수호신
- **데메테르(Demeter)** 대지의 생산력, 특히 곡식을 생육하는 대지의 여신
- **디오니소스(Dionysos)** 술과 황홀경의 신. 포도나무·포도주를 관장한다.
- **헤파이스토스(Hephaistos)** 화산의 신이자 대장장이 신
- **헤르메스(Hermes)** 신들의 사자이며 나그네의 수호신

유래로 보는 세계사 이야기

찾아냈어! 바로 이거야!
유레카

무엇인가 진리를 찾아냈을 때 "유레카!" 하고 외치는데, 이것은 고대 그리스의 과학자 아르키메데스가 목욕을 하다 벌거벗은 채로 뛰어나오며 한 말이에요. 아르키메데스의 원리를 발견한 순간이었죠. 이 이야기에는 진리의 발견을 위해 달려가는 정열적인 인간의 모습이 상징적으로 표현되어 있습니다.

목욕을 하다 부력의 원리를 발견하고 '유레카'를 외친 아르키메데스

"유레카!"라는 말은 문제에 대한 답을 알아냈을 때 외치는 말로, 고대 그리스의 과학자 아르키메데스(기원전 287~212)가 한 말입니다. 아르키메데스는 수학자이자 물리학자였으며 발명가이기도 했어요.

시라쿠사의 히에론왕은 금세공인에게 금덩이를 맡기면서 왕관을 만들라고 명령했습니다. 금세공인이 왕관을 만들어 오자, 왕은 금에 불순물을 섞어 만든 것이 아닌지 의심이 들었어요. 히에론은 왕관을 아르키메데스에게 주면서 불순물이 섞였는지 분석해 보라고 했습니다.

수학자이자 물리학자였던 아르키메데스

아르키메데스는 왕관을 어떻게 분석해야 할지 몰라 전전긍긍하고 있었어요. 그러던 어느 날, 목욕을 하려고 욕조에 몸을 담그다가 물이 욕조 밖으로 흘러넘치는 것을 본 순간 아르키메데스는 깨달았습니다. 물속에 물체를 넣으면 그 물체의 부피만큼 물이 넘치는 것이었어요.

'은은 금보다 가벼우니까 같은 무게의 은이 금보다 부피가 클 테고, 물속에 넣었을 때 물이 더 많이 넘칠 것이다.'

아르키메데스는 기쁨에 넘친 나머지 벌거벗은 몸으로 알아냈다는 뜻의 "유레카! 유레카!"를 외치면서 밖으로 뛰쳐나왔어요.

집으로 돌아온 그는 당장 실험에 들어갔고 그 결과 왕관에 불순물이 들어 있음을 밝혀냈는데, 이것을 '아르키메데스의 원리'라고 합니다.

아르키메데스는 "나에게 지렛대를 달라. 그러면 지구를 들어 올릴 것이다"라는 유명한 말을 남기기도 했어요. 이것은 '지레의 원리'라는 물리법칙을 비유해서 말한 것인데, 여기에도 진리에 대한 믿음과 정열이 잘 나타나 있습니다. 또한 아르키메데스가 커다란 반사경을 만들어서 적을 태워 죽였다는 이야기도 전해집니다.

아르키메데스의 최후는 그의 삶처럼 아주 극적이었습니다. 기원전 212년, 로마 군대로부터 집중 공격을 받아서 시라쿠사가 패망할 무렵, 로마의 군사가 그가 살고 있는 성채까지 쳐들어왔어요. 그때 그는 정원에서 기하학 문제를 풀고 있었는데, 적군이 끌고 가려 하자 당황하지 않고 침착하게 말했습니다.

"지금 내가 문제를 풀고 있으니 이것을 다 풀 때까지만 기다리게나."

그러나 로마 병사는 그를 기다려 주지 않고 그 자리에서 죽이고 말았습니다.

그의 무덤에는 그가 발견한 '구에 외접하는 원기둥의 체적은 구의 체적의 1.5배이다.'라는 내용을 나타내는 그림이 새겨져 있었다고 하는데, 아쉽게도 지금은 전해지지 않습니다.

유래로 보는 세계사 이야기

마법사인가 과학자인가?
연금술

연금술은 옛날에 구리나 납 같은 것으로 금이나 은을 만들어 내려고 한 기술을 말해요. 또 늙지 않고 오래 살게 하는 약을 만들려고도 했지요. 하지만 모두 실패했답니다. 그러나 이런 과정에서 연금술은 과학과 화학의 발달에 큰 영향을 끼쳤습니다. 또 오늘날에는 '언어의 연금술사'와 같은 식의 비유로도 쓰이고 있어요.

연금술은 허무맹랑하지만 화학 발달에는 큰 영향을 주었다. 〈연금술사〉 - 아드리안 반 오스타데, 1661년

금이 아닌 것들을 조합하여 금을 만들 수 있을까요? 또 늙지 않고 오래 살게 하는 약이 과연 존재할까요? 옛날 서양에서는 값싼 금속으로 금이나 은을 만들고, 늙지 않고 오래 살게 하는 약을 만들려고 하였습니다. 이를 연금술이라고 하는데, 고대 이집트에서 시작되어 중세까지 성행한 기술입니다.

연금술은 중세에 가장 활발했는데, 당시에는 연금술사라고 하면 마법사에 가까운 존재였습니다. 그들은 어두운 지하실이나 다락방 구석에 틀어박혀서 갖가지 실험에 몰두했어요. 그들은 연금석을 발견하고자 노력했는데, 연금석이란 '현자의 돌'이라고도 하며 그 가루를 조금만 사용하면 어떠한 금속이든 금으로 바꿀 수 있다고 생각했어요. 오늘날의 과학으로 말한다면 촉매에 해당합니다.

연금석은 늙지 않고 오래 살게 하는 약이라고도 여겨져, 이것을 발견하기 위해서 기상천외한 방법들이 총동원되었지만 모두가 터무니없는 것들이었습니다. 하지만 이런 과정을 통해 연금술은 과학, 특히 화학의 발전에 큰 역할을 했어요.

연금술사 중에서 가장 유명한 사람은 독일의 파우스트 박사(1480~1540)입니다. 그는 의학에 정통하고 연금술을 배워 악마와 통하면서 희한한 일을 일삼는 마술사로 여겨져, 두려움의 대상이었습니다. 독일의 문호 괴테(1749~1832)가 쓴 희곡 《파우스트》는 바로 이 인물에서 힌트를 얻은 것입니다. 주인공인 파우스트는 선과 진리를 이상으로 여기며 이를 찾기 위해 악마 메피스토펠레스와 함께 험난한 여행을 떠납니다. 선과 진리를 찾지 못하면 악마에게 자신을 맡긴다는 내기까지 하지요.

오늘날 연금술은 '언어의 연금술사'라든가 '행복의 연금술사'와 같은 식의 비유로 많이 쓰이고 있습니다. 이는 연금술이 하찮은 것에서 귀중한 것을 만들어 내는 기술이라는 뜻에서 유래한 것으로, 언어의 연금술사란 말을 잘 만들어 내는 사람, 즉 말을 잘하는 사람을 뜻합니다.

신비주의 연금술사 레이먼드 룰의 서적에 실린 삽화

유래로 보는 세계사 이야기

1년 365일 5시간 48분 46초의 유래

달력

오늘날 1년은 12개월로 나뉘어 있고, 365일 또는 366일입니다. 1582년에 로마 교황 그레고리우스 13세가 종래의 율리우스력을 고쳐서 만든 그레고리력에 따른 것이에요. 이렇게 되기까지 달력은 상당히 많이 바뀌었습니다. 달력이 어떻게 변화되어 왔는지 알아볼까요?

    달력은 영어로 캘린더라고 합니다. 이는 라틴어로 빚을 적어 놓은 장부를 가리키는 '칼렌다리움'에서 온 말이에요. 빚에 대한 이자를 매달 첫날(캘린즈)에 주는 풍습에서 생겼다고 합니다. 캘린즈라는 말은 본래 그리스어로 '크게 외쳐라'라는 뜻이에요. 매달 첫날이 되어 이자를 지불할 때 이를 크게 외치는 전문가가 있어서 붙여진 것입니다.

    태양력은 기원전 4000년 무렵 이집트에서 처음 생겼는데, 당시에는 한 달에 30일씩 12개월에 5일을 덧붙여 1년 365일의 달력을 만들었습니다. 4년마다 366일의 윤년을 두게 된 것은 기원전 238년으로, 프톨레마이오스 3세 때였으며, 이것이 그리스와 로마로 이어져 오늘날 쓰는 달력이 되었어요.

    로마에서는 처음에 10개월짜리 달력을 사용했지만 계절적으로 많은 차이가 발생하자 적당히 윤년을 끼워서 쓰게 되었어요. 1년을 12개월로 만든 사람은 기원전 713년경 고대 로마의 제2대 왕 누마입니다. 누마는 마지막 달인 디셈버(December, 10번째 달)의 다음에 재뉴어리(January)와 페브러리(February)를 덧붙여서 1년을 12개월 365일로 정했어요.

그 후 기원전 451년에 이르러 재뉴어리를 1년의 첫 달로 고치는 바람에 옥토버(October, 8번째 달)를 10월로, 디셈버를 12

오늘날의 달력인 그레고리력을 만든 교황 그레고리우스 13세

월로 하는 등 그때까지 사용되던 달의 이름이 2개월씩 뒤로 밀리게 되었습니다. 참고로 재뉴어리의 어원은 야누스(Janus)에서 비롯된 것이에요. 야누스는 두 개의 얼굴을 가진 신으로, 각각의 얼굴이 지난해와 새해를 바라본다고 여겨졌지요.

오랜 세월에 걸친 보완에도 불구하고 달력에는 여전히 많은 오차가 있었습니다. 그래서 기원전 45년, 율리우스 카이사르가 그리스력을 도입하여 1년을 365일 6시간(여기서 4년마다 한 번 윤달을 넣음)으로 정했습니다. 이것이 율리우스력이에요. 아울러 카이사르를 기념하는 뜻으로 그의 생월인 7월을 줄라이(July)로 고치고, 또 로마 제국의 제1대 황제 아우구스투스가 자신이 태어난 달인 8월을 어거스트(August)로 바꾸면서 오늘날과 같은 열두 달의 이름이 갖춰졌습니다.

율리우스력은 오랫동안 사용되어 오다가 1582년 교황 그레고리우스 13세가 보완하여 그레고리력을 채택했습니다. 1년을 365일 6시간으로 잡은 율리우스력을 365일 5시간 48분 46초로 고친 것입니다. 오늘날 세계 공통으로 사용하고 있는 달력이 바로 그레고리력입니다.

달 명칭의 유래

- **January(1월)** 과거와 미래를 보는 두 개의 얼굴을 가진 야누스(Janus : 문을 수호하는 신)에서 유래되었어요. 연초에 지나간 해를 정리하고 앞날을 준비하는 의미입니다.
- **February(2월)** 'februa'는 '정화하는 의식'이란 말입니다. 고대 로마에서는 지금의 2월이 1년의 마지막 달이었기 때문에 신년을 맞이하기 전에 더러운 것을 깨끗이 한다는 의미가 있었어요.
- **March(3월)** 'Mars'는 로마 신화에서 '전쟁의 신'으로 3월이 겨울의 끝과 봄의 시작의 경계라고 본 것 같아요.
- **April(4월)** 'aperire'는 '열리다'라는 라틴어에서 유래해요. 4월은 자연계의 만물이 열리는 때입니다.
- **May(5월)** 봄과 성장의 여신 Maia의 이름에서 유래되었습니다.
- **June(6월)** 로마 신화에서 결혼과 출산의 여신 주노(Juno)의 이름에서 유래되었어요.
- **July(7월)** 고대 로마 시대에는 퀸틸리스(Quintilis : 다섯째를 뜻함)였으나 로마 황제 율리우스 카이사르가 자신의 이름을 따서 변경했어요.
- **August(8월)** 당초 고대 로마 시대에는 섹스틸리스(Sextilis : 여섯째를 뜻함)였으나 로마 황제 아우구스투스가 자신의 이름를 따서 변경했어요.
- **September(9월)** 라틴어 'septem'은 seven(7)
- **October(10월)** 라틴어 'octo'는 eight(8)
- **November(11월)** 라틴어 'novem'은 nine(9)
- **December(12월)** 라틴어 'decem'은 ten(10)

유래로 보는 세계사 이야기

세상에 존재하지 않는 이상향
유토피아

토머스 모어는 잉글랜드 왕국 시기의 법률가이자 저술가, 정치가입니다. 평생 인문주의자로서 덕망이 높았고, 대법관을 포함해 여러 관직을 역임했어요. 1516년에 자신이 저술한 책에서 이상적인 정치체제를 지닌 상상의 섬나라 '유토피아'라는 단어를 만들어 냈어요.

유토피아는 이 세상에 존재하지 않는 이상향을 말해요. 이 용어를 맨 처음 사용한 사람은 16세기 초 영국의 인문주의자이며 사회 사상가였던 토머스 모어(1478~1535)입니다. 그는 1516년에 이상으로 삼는 나라의 모습을 그린 책 《유토피아》를 썼어요. 유토피아란 그가 만들어 낸 이상적인 국가의 이름으로, 그리스어의 '우(없는)'와 '토포스(장소 또는 국가)'를 합친 말입니다.

《유토피아》는 안트베르펜의 항구에서 만난 한 포르투갈 선원에게 유토피아라는 섬의 이야기를 전해 듣는다는 내용으로 시작됩니다. 이 선원은 아메리고 베스푸치의 세 번째 신대륙 탐험에 동행했다가 돌아오는 길에 이 섬에 들렀대요.

유토피아는 플라톤과 아리스토텔레스의 사상에서도 엿볼 수 있습니다. 물자와 재산은 국민 모두의 것이며 가난도 없고 화폐도 없는 나라를 가리키지요. 이 나라에서는 금이나 은, 철 등은 현재 우리가 사용하는 용도와는 정반대이며 다이아몬드는 그저 장난감에 지나지 않아요. 게으름은 추방해야 마땅하지만 하루 여섯 시간 정도 일하면 충분하고, 나머지 시간은 개인의 자유로 취미에 따라 다양하게 이용하지요. 육체의 건강이 가장 우선시되고 교육의 평등과 남녀의 평등, 종교의 자유가 보장되는 곳이랍니다. 전쟁을 꿈꾸지 않으니 전쟁을 치를 필요도 없어요.

토머스 모어가 《유토피아》를 쓴 이유는 당시 사회상을 비판하기 위해서입니다. 당시 농민들은 소작농으로 전락하고 지배계급은 타락해 있었는데, 이러한 영국 사회를 공상적인 이상 사회와 비교하며 통렬하게 비판한 것입니다.

〈유토피아 지도〉 - 아브라함 오르텔리우스, 1595년경

유럽에서 이상 국가의 실현을 그린 책은 플라톤의《국가》이래로 무수히 많아요. 이탈리아 철학자 캄파넬라의《태양의 나라》(1623), 영국 철학자 베이컨의《뉴아틀란티스》(1627)는 토머스 모어의 유토피아 사상을 이은 저술들입니다. 한편 문학작품에서는 그리스 남단의 펠로폰네소스반도 한가운데 있는 아르카디아 지방이 평온한 목가가 흐르는 전원의 이상향으로서 줄곧 다뤄지곤 했습니다.

〈토머스 모어 경의 초상화〉 - 한스 홀바인, 1527년

또 다른 이상향 샹그릴라

이상향으로 불리는 샹그릴라

영국의 소설가 제임스 힐튼의 《잃어버린 지평선》(1933)에 묘사된 티베트 불로장수의 낙원을 말해요. 중국 윈난성 디칭장족 자치주에 있는 현이지만, 오늘날 이상향을 나타내는 말로 많이 사용되고 있어요. 특히 태평양 전쟁 때 미국 공군의 비밀기지 이름으로 사용되어 더욱 유명해졌습니다.

유래로 보는 세계사 이야기

상상 속 황금의 나라
엘도라도

엘도라도는 16세기 스페인 사람들이 남아메리카 아마존강 가에 있다고 상상한 황금의 나라입니다. 특히 잉카 제국을 멸망시킨 피사로의 부사관이 치브차족이 사는 곳에서 직접 체험한 내용이 널리 퍼지며 많은 사람들이 엘도라도를 찾아 나섰어요. 하지만 엘도라도는 발견되지 않았고, 오늘날에는 이상향을 뜻하는 말로 쓰이고 있습니다.

통치자는 금가루로 몸을 칠하고 뗏목을 타고 성스러운 호수의 중앙에서 구아타비타 여신에게 보물을 바쳤다. 이 오래된 전통이 엘도라도 전설을 낳았다.

엘도라도는 남미 아마존강 가에 있다고 믿어졌던 황금 마을을 말합니다. 그러나 오늘날에는 이상향 또는 낙원을 의미하게 되었어요.

엘도라도는 스페인어로 '황금의 사람'을 뜻하는데, 이는 남미 안데스산맥의 보고타 고원지대에 사는 치브차족의 풍습에서 비롯됐다고 합니다. 이 부족의 추장은 온몸에 금가루를 칠하고 호수로 들어가 제물을 바친 뒤 호수의 물로 금가루를 씻어 버리는 행사를 벌였다고 전해집니다. 그런데 이것을 본 유럽인들이 황금 마을의 환상을 가지게 되어, 엘도라도가 있다고 믿은 것입니다.

신대륙의 발견도 황금 전설이 한 원인이 되었습니다. 마르코 폴로의 《동방견문록》에는 지붕까지 황금이 깔려 있다는 황금의 섬 지팡구가 소개되어 있는데, 이를 찾아 나섰다가 신대륙을 발견한 것입니다.

신대륙을 발견한 후 유럽 사람들은 이 황금 마을을 찾아 나섰어요. 잉카 제국을 정복한 피사로는 안데스산맥 너머까지 탐험대를 보냈습니다. 그러나 지구상에서 가장 큰 강에 '아마존'이라는 이름을 붙이는 것에 만족했을 뿐 아무런 소득도 얻지 못했어요.

페루 제독 멘도사도 1560년 엘도라도 탐험대를 조직해 보냈습니다. 당시는 페루가 원주민의 반란 등으로 무정부 상태에 이를 지경이었는데, 황금 전설로 겨우 수습할 수 있었답니다.

또한 엘리자베스 1세의 총애를 받던 영국의 탐험가 롤리 경(1554~1618)도 두 번이나 엘도라도를 찾아 나섰습니다. 그는 베네수엘라 남동부, 가이아나, 수리남 일대를 탐색했지만 그 결과를 《기아나 제국의 발견》이라는 책으로 정리했을 뿐입니다. 게다가 귀국하다가 반역죄로 처형되고 말았습니다.

엘도라도 발견은 모두 수포로 돌아갔지만 소문은 더욱 무성해졌습니다. 잉카 제국이 망할 것을 알고 막대한 금은보화를 어딘가에 숨겨 놓았다든지, 피사로가

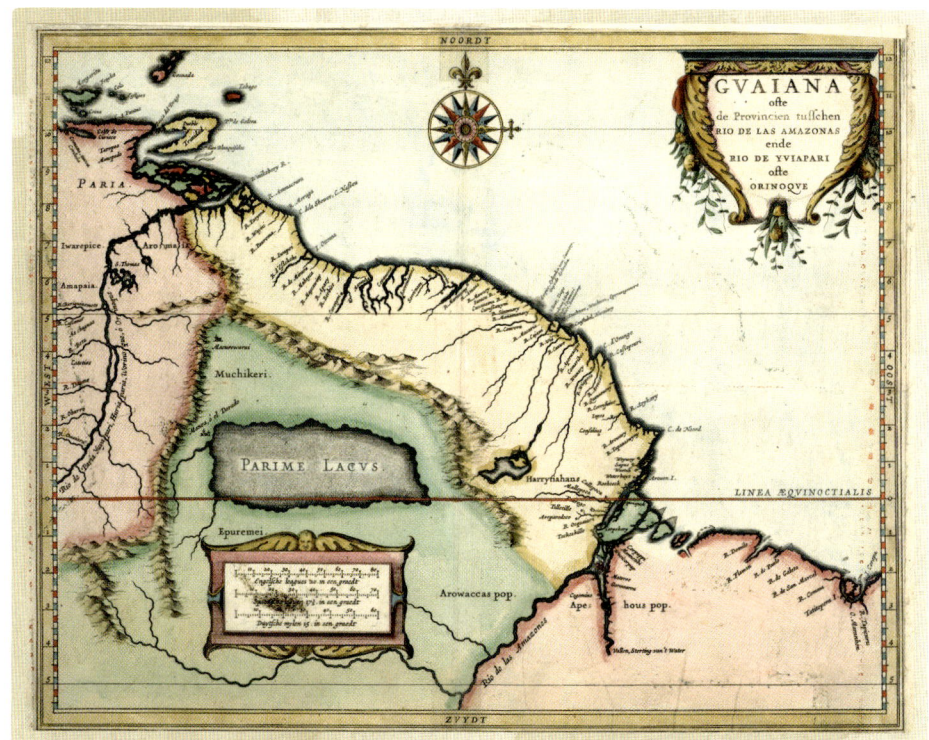
네덜란드 동인도 회사의 해도 책임자 게리츠가 1625년 그린 엘도라도 지도. 중앙의 호수 서쪽에 엘도라도 또는 마노아가 위치해 있다고 생각했다.

보물을 어딘가에 감췄다든지, 콜롬비아의 보고타 고원지대에 있는 구아타비타 호수가 진짜 엘도라도라는 등등.

　이 같은 소문들 때문에 사람들은 20세기에 이르기까지 엘도라도를 찾아 나섰습니다. 모두 실패로 돌아갔지만 대신 얻은 것도 많습니다. 남미 대륙을 횡단한 탐험가도 나왔고, 네그루강에서 오리노코강으로 이어지는 루트를 따라 카리브해로 나온 탐험가도 있었어요. 오늘날 엘도라도는 더 이상 아무도 찾지 않지만 이상향, 낙원을 뜻하는 말로 많이 사용되고 있답니다.

유래로 보는 세계사 이야기

강압적이고 엄격한 교육
스파르타식 교육

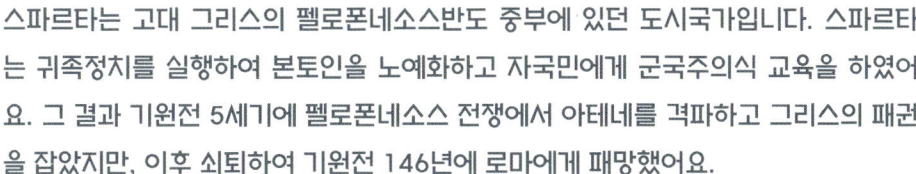

스파르타는 고대 그리스의 펠로폰네소스반도 중부에 있던 도시국가입니다. 스파르타는 귀족정치를 실행하여 본토인을 노예화하고 자국민에게 군국주의식 교육을 하였어요. 그 결과 기원전 5세기에 펠로폰네소스 전쟁에서 아테네를 격파하고 그리스의 패권을 잡았지만, 이후 쇠퇴하여 기원전 146년에 로마에게 패망했어요.

스파르타식 교육이라는 말은 학생들을 강압적으로 교육시키는 것을 말합니다. 옛날 고대 그리스의 도시국가인 스파르타에서 했던 교육 방식을 따라 한다는 것이지요.

스파르타는 아테네와 여러 가지 면에서 비교됩니다. 이오니아인들이 세운 아테네는 상업이 발달한 개방적이고 문화적인 곳인 반면에 도리아인이 세운 스파르타는 농업이 주를 이루고 공동체적이며 폐쇄적이고 군대적인 성격을 띠었습니다.

같은 그리스 내에 있는 두 도시국가가 이렇게 다른 모습을 보인 이유는 무엇일까요? 지리적인 차이도 있지만 노예제가 달랐다는 것도 중요한 이유였습니다. 아테네의 노예는 주로 소아시아 등의 외지에서 팔려 온 이민족이었습니다. 따라서 노예끼리의 연대 의식도 적었고 주인에게 절대 복종하는 편이었어요. 그에 반해 스파르타의 노예는 헤일로테스와 페리오이코이라는 토착 주민이 대부분이었어요. 이들을 다루기 위해서는 강력한 제도가 필요했던 겁니다.

당시 강력한 제도를 확립한 사람은 입법가인 리쿠르고스였습니다. 《영웅전》의 작가 플루타르코스(46~120)는 리쿠르고스의 입법을 이렇게 소개했습니다.

첫째, 원로원을 만들어 왕과 동등한 표결권을 준다.
둘째, 불공평하게 소유하고 있는 토지는 근본적으로 재분배해서 빈부의 차이를 없앤다.
셋째, 나태와 사치를 몰아내기 위해 공동 회식제라는 식사 제도를 채택한다.

세 번째 항목이 특이합니다. 당시 사람들은 하인들이 만들어 주는 음식을 마음껏 먹으며 낮잠과 목욕, 휴식 등으로 나태함에 젖어 있었어요. 그럼에도 스파르타가 강한 나라로 유명해진 것은 바로 중무장한 보병의 전투 집단인 팔랑크스 때문이었습니다.

스파르타의 교육은 정말 엄격하고 힘겨웠어요. 남자 어린이는 7세가 되면 집을 떠나 공공 교육장에 들어가서 훈련을 받는데, 달리기 경주와 씨름, 투창, 검술, 승마, 수영 등을 익히고, 읽기와 쓰기, 계산 등도 배워야 했어요. 그처럼 맹훈련을 해야 하고 경쟁에서 뒤처지면 처벌도 받았습니다. 오늘날 스파르타식 교육이라는 말이 지나치게 일방적이면서 강제적이고 조직적인 교육을 뜻하게 된 것도 이런 이유에서입니다.

팔랑크스

팔랑크스

본래는 그리스 신화에 나오는 인물로 아테네에 무예와 전쟁 기술을 전수한 사람이에요. 고대 그리스의 군 전술에서 직사각형 형태의 밀집 대형이나 부대를 가리키는 말이기도 합니다.

유래로 보는 세계사 이야기

순수하고 정신적인 사랑
플라토닉 러브

플라토닉 러브는 고대 그리스의 철학자 플라톤의 사랑이라는 말입니다. 당시에는 노인과 소년 혹은 청년이 대화를 통해 정신적인 지혜를 탐구했는데, 이러한 정신적 교류와 사랑을 말해요. 오늘날에는 이 말이 순수하고 정신적인 사랑을 뜻하고 있습니다.

〈그의 아카데미에서 플라톤〉 - 칼 발봄, 1879년

사랑은 정신적인 사랑과 육체적인 사랑으로 나눌 수 있습니다. 이를 각각 플라토닉 러브, 에로스 러브라고도 하죠. 플라토닉 러브는 고대 그리스 철학자 플라톤(기원전 428~347)의 대화편 중 《향연》에서 기원했습니다. 대화편은 플라톤이 스승인 소크라테스(기원전 470~399)의 말씀을 적은 것입니다. 그리고 '향연'은 술잔을 주고받으면서 노래도 부르고 음악이나 무용을 감상하며 학문을 논한

소크라테스(우)와 플라톤(좌)

것을 말해요. 곧 《향연》은 소크라테스의 사상과 인격을 찬양한 것입니다.

《향연》은 어느 젊은 시인이 장원을 차지한 것을 축하하는 자리를 무대로 하고 있어요. 그 자리에서 사람들은 사랑과 증오의 신인 에로스를 찬미하는 연설을 듣는데, 소수의 사람들이 애인끼리 짝을 이룬 군대를 만들면 어떻겠느냐고 제안합니다. 전쟁터에서 애인끼리 짝을 이루어 놓으면 애인에게 과시하기 위하여 더욱 용감하게 싸울 것이라는 말이지요. 당시에 동성애가 성행했음을 엿볼 수 있는 내용이기도 합니다.

희극 시인 아리스토파네스(기원전 448~380)도 이성애와 동성애에 대해 자기의 주장을 밝혔습니다. 원래 인간은 남녀 한몸으로 이루어져 있었으나 신의 노여움을

사서 둘로 갈라졌기에 그 반쪽들이 서로 자기 짝을 찾아 방황한다는 것이었어요. 마지막으로 소크라테스가 말했습니다.

"착하고 아름다운 에로스의 아버지는 전능한 신이었고 어머니는 아주 가난한 신이었다. 결코 가난하지도, 그렇다고 부유하지도 않았던 에로스는 지(知)와 무지 사이에서 끊임없이 지식을 얻고자 했던 애지자였다. 그의 사상은 아름다운 몸으로부터 시작해 아름다운 활동으로, 다시 아름다운 학문에서 아름다운 본체에 대한 인식으로 발전한다. 그러니까 그 자체를 바라보는 것이다. 그것이야말로 인간이 사는 이유이자 보람이다."

이는 소크라테스의 말이지만 플라톤의 사상이기도 합니다. 여기에서 말하는 아름다운 본체가 바로 우리가 흔히 말하는 '플라토닉 러브'입니다. 그런데 언제부터인가 플라토닉 러브라는 말이 육체적인 사랑과 비교되며 정신적인 사랑을 나타내는 말로 사용되기 시작했어요. 영국의 시인이자 극작가인 윌리엄 대버넌트가 1636년 〈플라토닉 러버스〉를 지어 플라토닉 러브라는 말을 처음 사용한 이후 점차 널리 퍼졌답니다.

이야기 속 이야기

에로스 러브

에로스 러브는 육체적인 사랑을 말하는 것이지만 플라톤이 말한 에로스는 진리에 대한 사랑을 뜻했어요. 사람은 누구나 진실과 아름다움을 추구하는 욕망을 갖고 있는데, 이것을 플라톤은 에로스라고 했습니다.

유래로 보는 세계사 이야기

아서왕과 영웅들
원탁의 기사

원탁의 기사는 6세기경 영국의 전설적인 아서왕 휘하의 기사들을 말합니다. 원탁 주위에는 150명의 기사가 둘러앉는데, 위치에 상하의 구별이 없는 것이 특징이었어요. 원탁의 기사단은 함께 식사를 하면서 화려한 무용담과 사랑의 이야기로 꽃을 피웠다고 합니다.

원탁에 앉은 아서왕과 기사들

원탁의 기사라는 말을 들어 봤나요? 기사들이 둥그런 탁자에 둘러앉아 함께 음식도 먹고 이야기도 나누었던 것에서 유래한 말인데, 둥근 탁자에 앉아 있으면 상하 관념보다 서로 평등한 생각이 들기 마련이지요. 원탁에서는 자유로우면서도 친밀하게 회의를 할 수 있습니다. 여기에서 원탁회의라는 말이 나왔어요.

원탁의 기사는 중세 영국의 전설적인 아서왕 때 나온

숱한 이야기의 주인공으로 등장하는 전설적인 영웅 아서왕의 동상

말입니다. 아서왕은 브리튼과 로마의 혼혈로 알려져 있지요. 그는 로마 사람에게서 전술을 배워 색슨족의 침입을 막고 브리튼의 여러 왕을 이끌고 웨일스, 아일랜드, 콘월, 브르타뉴, 스칸디나비아까지도 정복했어요. 아서왕의 주위에는 각국의 쟁쟁한 기사들이 모여들었습니다.

아서왕은 기사들을 극진하게 대접했어요. 특히 그는 대리석으로 원형 테이블을 만들어 기사들이 둘러앉게 했는데, 이렇게 하면 동등하게 대우할 수 있고, 서로 간에 일어날 수 있는 세력 다툼도 방지할 수 있었습니다. 권위적인 분위기도 없었고 안건도 공정하게 처리하였죠. 기사들도 이 원탁에 앉는 것을 최고의 명예로 여겼어요. 그것은 곧 아서왕으로부터 인정받고 있다는 증거였기 때문입니다.

그러나 이러한 황금시대도 그다지 오래가지 않았어요. 왕비 귀네비어의 부정과 조카 모드레드의 배신으로 원탁의 기사단이 무너졌기 때문입니다. 아서왕은 모드레드와의 싸움에서 중상을 입었으나 천사의 도움으로 인도에 있는 지상낙원 아발론에서 요양을 했다고 전해지지요. 일설에는 그가 그곳에서 조용히 여생을 마쳤다고도 하고 캠런의 전투에서 전사하여 글래스턴베리 대수도원에 묻혔다고도 합니다.

이러한 아서왕 이야기는 12~13세기 무렵까지 유럽 각국으로 퍼져 나갔고, 그 뒤에도 많은 작가들이 즐겨 다루었어요. 그중에서 가장 잘 알려진 것은 15세기 영국의 서사시 편자인 토머스 맬러리가 엮은 〈아서왕의 죽음〉과 19세기의 시성이라 추앙받는 앨프리드 테니슨의 〈국왕 목가〉를 들 수 있습니다.

이야기 속 이야기

신비의 검 엑스칼리버

아서가 왕이 되었을 때 호수의 아름다운 요정한테 받은 성검을 말합니다. 아서왕은 이 검으로 숱한 싸움에서 이겼어요. 왕자 모드레드와 최후의 전투를 벌인 뒤에 엑스칼리버는 호수로 돌려보내졌는데, 이후 아서왕의 전설에는 빠짐없이 등장하게 되었답니다.

권력의 상징이자 공포의 대명사
크렘린

크렘린은 중세 러시아의 성채로 오랫동안 러시아 황제가 머무는 성이었어요. 그러나 18세기 상트페테르부르크에 겨울궁전이 세워지면서 기능을 잃고 1918년 이후 소련 정부의 본거지가 되었어요. 소련 시절에 크렘린은 권력의 상징이자 공포의 대상이었답니다.

크렘린은 러시아의 수도 모스크바 중앙에 우뚝 솟아 있는 크렘린 궁전을 말합니다. 옛 소련 시절 이 궁전은 소련 정부 청사로 사용되었는데, 그래서 크렘린이라고 하면 곧 소련을 가리키는 말이었습니다. 당시 크렘린은 권력의 상징으로 사람들에게는 두려움의 대상이었어요. 특히 스탈린이 독재의 칼날을 휘두르던 시대에는 더욱 무서운 말이었습니다.

그러나 본래 크렘린은 옛 러시아의 성채를 의미했습니다. 중세의 러시아는 중앙집권제가 아직 뿌리를 내리지 못하여 도시국가들이 대립하고 있었고, 또 타타르족 등 이민족이 빈번하게 침입해 왔어요. 그래서 요새 같은 성채를 지은 것이 바로 크렘린입니다. 크렘린은 성채를 뜻하는 타타르족의 언어인 '크레믈리'라는 말에서 유래한 것입니다.

옛날에는 여러 도시에 크렘린이 있었습니다. 크렘린 안에는 궁전도 있고 교회와 시장 등도 있어서 정치와 경제, 종교의 중심지였지요. 모스크바에 크렘린이 세워진 것은 12세기입니다. 모스크바의 창건자로 전해지는 유리 돌고루키 공(1099?~1157)이 1156년 작은 언덕 위에 숲과 목책으로 요새를 구축했고, 현재의 크렘린은 15세기 말에 러시아 황제 이반 3세(1440~1505)가 건립한 것입니다. 이후 모스크바의 크렘린은 1712년 표트르 1세(1672~1725)가 상트페테르부르크에 겨울 궁전을 짓고 수도를 옮길 때까지 황궁으로 사용되었습니다.

크렘린은 그로부터 200여 년이 지난 1918년에 소련 정부가 들어서면서 다시 러시아의 중심지가 되었고, 오늘날에도 러시아 대통령이 머무르는 곳으로 유명하

소련 시절 권력의 상징으로 공포의 대상이었던 모스크바의 크렘린

지요. 그래서 생긴 말이 '크렘리놀로지'입니다. 이 말은 서유럽의 정치인이나 언론인들이 러시아 내부의 군사, 외교 정책과 권력 구조의 변화를 지켜보며 하는 말입니다.

현재의 크렘린은 한 변의 길이가 약 700m인 삼각형 모양으로 높이 9~20m, 두께 4~6m의 벽으로 둘러싸여 있습니다. 성벽에는 첨탑이나 피라미드형 탑, 시계탑 등이 있으며, 성 내부에는 성모승천 교회와 성수태고지 교회, 대천사 교회 등 3대 성당을 비롯하여 여러 개의 종교 시설이 들어서 있습니다. 또 성벽의 북동쪽에는 15~16세기 이탈리아 건축가들이 설계하여 지어진 유명한 '붉은 광장'이 있습니다.

붉은광장

15세기 말부터 차르의 선언이나 판결, 포고 등이 내려지는 곳으로 유명한 붉은 광장

본래는 '아름다운 광장'으로 불렸지만 러시아 혁명 기념일과 노동절에 붉은색 현수막을 박물관과 궁 백화점에 걸었고, 많은 사람들이 붉은 깃발을 들고 광장을 온통 붉은색으로 만들어서 붉은 광장으로 불리고 있습니다. 러시아 여행의 1번지로, 많은 관광객이 찾는 곳이에요.

유래로 보는 세계사 이야기

'놈'에서 보통 남자로 바뀐 말
가이

'놈' 혹은 '괴상망측한 사람'을 뜻하던 '가이(guy)'는 오늘날에는 보통 남자, 친구 또는 동료를 뜻하는 말로 바뀌었어요. 17세기 초 영국 왕 제임스 1세를 죽이려다 실패한 가이 포크스라는 사람의 이름인데, 도대체 왜 이렇게 뜻이 바뀌었을까요?

가이 포크스 데이 기념 행진 모습

'터프가이'나 '쿨가이' 등과 같은 말을 들어 봤겠지요? 여기에서 가이는 남자, 친구 혹은 동료를 뜻하는 말입니다. 하지만 예전에는 몸이 괴상망측하게 생긴 사람 또는 간단히 '놈'을 뜻하는 말이었어요. 도대체 왜 이렇게 의미가 바뀌었을까요?

가이라는 말은 영국의 가이 포크스(1570~1606)라는 사람의 이름에서 유래해요. 당시 국왕 제임스 1세는 가톨릭교도들을 탄압하고 있었는데, 가이 포크스와 동료들은 상원 의회 지하실에 많은 화약을 장치하여 11월 5일 개원 일자에 터뜨려 국왕을 비롯한 의회 의원들을 몰살시키려고 했습니다.

〈영국의 왕 제임스 1세〉 - 존 드 크리츠, 1605년경

그러나 이 음모는 10월 26일 밤, 몬티글 남작에게 배달된 익명의 편지 때문에 발각되고 말았어요. 편지에는 의회 개원일에 절대 참석하지 말라는 내용이 적혀 있었고, 몬티글 남작은 이 사실을 국무대신 로버트 세실에게 알렸습니다. 결국 수사를 벌인 결과 상원 의회 지하실에 설치된 화약을 발견했습니다.

음모의 주동자는 가이 포크스와 로버트 케이츠비, 토머스 윈터 등의 귀족들로

구교파 즉 가톨릭교도들이었어요. 그들은 음모가 성공하는 즉시 찰스 왕자를 납치하여 반란을 일으킬 계획이었지만 음모가 사전에 발각되고 전원이 체포되어 옥사하거나 사형을 당했어요. 이것을 계기로 제임스 1세는 가톨릭교도들을 더욱더 탄압했습니다.

그러나 학자들은 이 사건에 대해서 의견이 분분합니다. 이것은 정부가 꾸며 낸 이야기에 불과하고 그 시나리오를 만들어 낸 장본인은 바로 국무대신 세실이며, 몬티글 남작은 들러리에 불과했다는 주장입니다.

폭파 음모가 발각된 뒤 영국 왕정은 선전포고를 하고, 11월 5일을 감사일로 정했어요. 이 기념일은 음모를 주도했던 가이 포크스의 이름을 붙여 '가이 포크스 데이'라고 불리게 되었어요. 이날 영국인들은 가이 포크스의 모습을 괴상망측한 허수아비로 만들어 질질 끌고 다니다가 밤이 되면 불태워 버리는 행사를 갖습니다. 또 짙은 콧수염이 그려진 가이 포크스 가면을 쓰고 불꽃놀이를 하며 축제를 즐기지요.

화약 음모 사건 주동자들. 오른쪽에서 세 번째가 가이 포크스이다.

사람들은 압제 권력에 단호히 대항했던 음모자들의 저항 정신에 박수를 보내면서 한편으로 자신들의 억눌린 감정을 표출시키고 있는 것인지도 모릅니다.

가이 포크스 가면

유래로 보는 세계사 이야기

끊임없이 반복하는 인간의 굴레
시시포스의 바위

시시포스는 영원한 죄수의 화신으로 알려져 있어요. 죽음의 신을 속인 죄로 지옥에 떨어져, 바위를 산 위로 올리면 다시 굴러 떨어지고 이를 다시 올리는 일을 한없이 되풀이하는 영원한 형벌을 받고 있습니다. 시시포스의 바위는 끊임없이 반복하는 인간의 굴레를 뜻합니다.

시시포스는 그리스의 신화에 나오는 인물로 고대 도시국가 코린트를 창건했다고 합니다. 그는 바람의 신 아이올로스의 아들이라고 알려져 있는데, 가장 교활하고 꾀가 많았습니다.

얼마나 꾀가 많았는지 죽음의 신 타나토스가 그를 데리러 왔을 때 오히려 타나토스를 잡아 족쇄를 채웠어요. 그 바람에 한동안 아무도 죽지 않았고, 결국 전쟁의 신인 아레스가 타나토스를 구출했습니다.

타나토스에게 끌려가게 된 시시포스는 또 꾀를 부렸어요. 아내에게 자신이 죽으면 장례식을 치르지 말라고 한 것입니다. 사망신고라고 할 수 있는 장례식을 치르지 못한 영혼은 저승에 정착하지 못하고 이리저리 떠돌게 된다는 점을 노린 것입니다.

저승의 신 하데스는 시시포스를 보자 고개를 갸우뚱거렸습니다. 그의 장례식이 치러지지 않았기 때문입니다. 하데스는 시시포스에게 그 이유를 캐물었어요. 이때를 기다린 시시포스는 아내가 자기를 저승에 가지 못하고 이리저리 떠돌게 할 작정으로 그런 것이라며, 가서 혼내 주고 오겠으니 하루만 말미를 달라고 애원했

시시포스가 힘겹게 바위를 산 위로 옮기고 있다.〈시시포스〉 - 티치아노 베첼리오, 1548~1549년

습니다. 하데스는 시시포스를 가엾게 여겨 하루 동안 속세에 다녀오도록 허락했어요. 하지만 저승문을 나선 시시포스는 그 길로 속세에 눌러앉아 천수를 다하도록 생을 즐겼습니다.

그러나 인간은 누구나 죽는 법, 시시포스는 결국 죽어서 다시 저승으로 가야 했습니다. 저승의 신은 전에 속은 것이 분해 펄펄 뛰더니, 시시포스를 지옥의 맨 밑바닥인 타르타로스로 보내 버렸어요. 그곳에서 시시포스는 가파른 언덕길에서 커다란 바위를 밀어 올리는 형벌을 받아야만 했습니다. 바위를 산꼭대기까지 겨우 올려놓으면 이내 굴러 떨어져, 다시 밀어 올려야 하는 끝없는 노동을 되풀이하는 신세가 된 것입니다.

바위를 올려놓으면 굴러 떨어지고, 끝없이 다시 밀어 올려야 하는 시시포스의 형벌이 우리에게 주는 의미는 무엇일까요? 어쩌면 인간은 끊임없는 절망 속에서 살아가야 하는 운명이며, 그 운명을 어떻게 받아들일 것인가에 대한 이야기는 아닐지 곰곰이 생각해 보게 됩니다.

유래로 보는 세계사 이야기

참을 수 없는 대단한 고통
탄탈로스의 굶주림

탄탈로스는 그리스 신화에 나오는 왕으로, 제우스의 아들이자 펠롭스의 아버지입니다. 본래는 큰 부자였으나 너무 오만하여 지옥으로 떨어져 영원히 굶주림의 고통을 받게 되었다고 해요. 탄탈로스의 굶주림은 참을 수 없는 대단한 고통을 의미합니다.

탄탈로스의 굶주림이란 배가 고파서 견딜 수 없는데도 아무것도 먹을 수 없고, 목이 마른데도 마실 수 없는 괴로움을 말합니다. 또 서 있을 수도, 엎드려 있을 수도 없을 만한 대단한 고통을 말하기도 하지요.

그리스 신화에서 탄탈로스는 제우스와 요정 사이에서 태어난 존재입니다. 그런 그가 왜 이렇게 고통의 대명사가 되었을까요? 자신의 아들 펠롭스의 살로 요리를 만들어서 신들을 시험하였기 때문이에요. 신들은 자신들이 대접받은 요리가 탄탈로스의 아들 펠롭스의 살인 것을 알고 탄탈로스를 크게 꾸짖으며 살과 뼈를 모아 다시 살려 놓았습니다. 그런데 대지와 풍요의 여신 데메테르가 그만 살을 한 점 떼어 먹어서, 펠롭스의 어깨에는 황금으로 꿰맨 자국이 남았다고 하지요.

다시 살아난 펠롭스는 피사의 공주 히포다메이아와 결혼해서 아트레우스와 티에스테스를 낳았고, 아트레우스는 아가멤논을 낳았습니다. 아가멤논은 미케네의 왕이자 트로이 원정군 총사령관이 되어 트로이 전쟁을 승리로 이끌었어요.

한편 탄탈로스는 지옥으로 떨어졌는데, 이것은 고대 그리스의 시인 호메로스가 남긴 〈오디세이아〉에 잘 묘사되어 있어요.

〈탄탈로스〉 - 지오아치노 아세레토, 1640년경

'지옥에서 나는 탄탈로스를 보았다. 그는 턱까지 물에 잠겨 있었다. 그럼에도 불구하고 그는 목이 말라서 보통 고통스러워하는 것이 아니었다. 그가 물을 마시려고 고개를 숙이면 물은 어느새 땅 밑으로 스며들어 사라져 버렸고 발밑에는 검은 흙이 나타나곤 했다.'

뿐만 아니라 배가 고파서 머리 위로 늘어진 가지에 달린 과일을 따 먹으려 하면 난데없이 바람이 불어 가지가 하늘 높이 치솟곤 했고, 더러는 커다란 바위가 머리 위에 묵직하게 매달려 있어서 금방이라도 떨어질 것 같았어요.

탄탈로스의 죄목은 이 밖에도 많은데, 그는 제우스의 궁전에서 암브로시아와 넥타르도 훔쳤습니다. 암브로시아는 먹으면 늙지 않고 영원히 죽지 않는다는 신들의 음식이고, 넥타르는 마시면 영원히 살 수 있는 힘이 생긴다는 음료예요. 또한 절대 누설해서는 안 될 천국의 비밀을 인간에게 발설한 죄도 있습니다. 그리스로 건너갔다가 올림포스 신의 미움을 사서 지하 세계로 쫓겨난 것이라는 이야기도 있어요. 그렇게 많은 죄를 지었으니 벌을 받는 것은 당연합니다.

유래로 보는 세계사 이야기

어려움을 풀어 주는 실마리
아리아드네의 실 꾸러미

테세우스는 그리스 신화에 나오는 아티카의 영웅으로 크레타섬의 미로에서 아리아드네의 도움을 받아 괴수 미노타우로스를 물리쳤어요. 아리아드네가 실 꾸러미를 줘서 미로를 빠져나올 수 있었던 거지요. 그 이후 아리아드네의 실 꾸러미는 어려운 일에 직면했을 때 어떤 실마리를 풀어 주는 일을 가리키게 되었습니다.

〈테세우스에게 버림받은 낙소스섬의 아리아드네〉 - 안젤리카 카우프만, 1774년

옛날 크레타섬에 머리는 소이고 몸은 사람인 미노타우로스라는 괴물이 사람들을 마구 잡아먹어 사람들을 공포에 몰아넣고 있었습니다. 포세이돈이 미노스왕에게 황소를 선물로 주었는데, 왕비 파시파에가 그 황소와 관계를 맺어 낳은 것이 이 괴물이에요.

미노스왕은 아테네의 장인 다이달로스를 불러 괴물을 퇴치할 방법을 물었습니다. 다이달로스는 거대한 미로를 만들어 괴물을 가두는 방법밖에 없다고 대답했습니다. 그러자 왕은 다이달로스에게 미로를 만들라고 지시했고, 다이달로스는

〈바쿠스와 아리아드네〉 － 티치아노 베첼리오, 1520~1523년

독특한 미로를 만들었는데, 사람들은 이것을 미궁이라는 뜻의 '라비린토스'라고 불렀어요.

다이달로스는 괴물을 유인하여 깊은 미로 속에 빠뜨렸고, 괴물은 미로를 빠져 나오지 못하자 괴성을 지르며 몸부림쳤어요. 그러나 살생에 대한 신의 형벌이 두

레세우스와 미노타우로스

려웠던 왕은 괴물을 죽이지 못하고 매년 아테네에서 조공으로 바치는 일곱 명의 소년, 소녀를 괴물의 먹이로 주며 가두어 두었습니다.

어느 날 아테네의 왕 아이게우스의 아들인 테세우스가 그 괴물을 죽이겠다며 희생물로 바쳐진 소년들을 데리고 섬으로 갔습니다. 그런데 테세우스를 사랑하고 있던 미노스왕의 딸 아리아드네는 그가 괴물을 죽이러 간다는 말을 듣고 미로에서 빠져나올 수 있도록 실 꾸러미를 건네주었어요.

미로로 들어간 테세우스는 괴물을 죽이고 아리아드네가 준 실을 이용해 무사히 그곳을 빠져나올 수 있었습니다. 이 전설에서 유래되어 '아리아드네의 실 꾸러미'라고 하면 어려운 일에 직면했을 때 어떤 실마리를 풀어 주는 일을 가리킵니다.

이 일로 테세우스와 아리아드네는 결혼했지만 행복은 잠깐이었어요. 테세우스가 아리아드네가 잠들어 있는 사이, 낙소스섬에 그녀를 두고 몰래 도망을 가 버렸던 것입니다. 그때 아리아드네는 테세우스의 아이를 임신하고 있었습니다. 그 후 아리아드네는 아이를 낳다가 죽었다고도 하고, 슬픔을 못 이겨 바다에 몸을 던졌는데 술의 신 디오니소스가 구해 주어서 그의 아내가 되었다고도 합니다.

한편 테세우스는 아테네를 떠날 때 아이게우스왕에게 "괴물을 죽이면 돌아올 때 배에다 하얀 깃발을 꽂고 오겠습니다"라고 말한 것을 까맣게 잊고 돌아갔습니다. 멀리서 테세우스의 배가 돌아오는 것을 바라보던 왕은 깃발이 보이지 않자 아들 테세우스가 죽은 것으로 짐작하고 절망한 나머지 그만 바다에 몸을 던졌습니다. 그 후 이 바다는 아이게우스왕의 이름을 따서 '아이가이해'라고 부르게 되었으며, 이것이 오늘날의 '에게해'랍니다.

유래로 보는 세계사 이야기

무의식적 성적 애착
오이디푸스 콤플렉스

오이디푸스는 그리스 신화에 나오는 테베의 왕으로, 아버지를 죽이고 어머니와 결혼하게 되리라는 아폴론의 예언 때문에 버려졌으나 결국 예언대로 되었어요. 그러자 스스로 두 눈을 빼고 방랑했습니다. 이 이야기에서 남성이 부친을 증오하고 모친에 대해서 품는 무의식적인 성적 애착을 가리키는 '오이디푸스 콤플렉스'라는 용어가 생겼어요.

〈테베를 떠나는 오이디푸스를 이끄는 안티고네〉 - 샤를르 잘라베아, 1842년

오이디푸스 콤플렉스란 자신도 모르게 아버지에게 반감을 품고 어머니에게 사랑을 느끼는 묘한 심리를 말합니다. 이 말은 그리스 신화에 나오는 오이디푸스 이야기에서 비롯되었어요.

먼 옛날 테베의 왕 라이오스와 왕비 이오카스테 사이에서 아들이 태어났는데, 이 아이에게는 불길한 예언이 뒤따랐어요. 아이가 자라면 아버지를 죽이고 어머니와

스핑크스의 퀴즈를 푸는 오이디푸스를 그린 〈오이디푸스와 스핑크스〉 - 장 오귀스트 도미니크 앵그르, 1864년

결혼할 것이라는 예언이었습니다. 두려워진 왕은 아이를 당장 죽이라고 명령했어요. 이 말을 들은 왕비는 목숨만은 살려 달라고 눈물로 호소했고, 결국 아이는 산속에 버려졌어요.

양치기의 손에 자라난 아이는 코린토스의 왕자가 되었고, 어느 날 델포이에서 자신의 어릴 적 예언을 듣게 되었습니다. 충격을 받은 그는 왕궁으로 돌아가지 않고 산속을 헤매다가 어떤 노인 일행을 만나 싸움을 벌였고, 결국 노인을 죽이고 테베로 가게 되었습니다.

당시 테베에는 스핑크스라는 괴물이 있었는데, 상반신은 여자이고 하반신은 날개가 돋친 사자 모습을 하고 있었어요. 스핑크스는 행인들에게 수수께끼를 내서 맞히지 못하면 죽여 버렸으므로 테베 사람들은 스핑크스를 무서워했어요. 또 얼

마 전 왕이 숲속에서 죽었기 때문에 스핑크스를 물리친 사람이 왕위에 올라 왕비를 아내로 맞이할 수 있다고 했습니다.

오이디푸스가 테베의 계곡을 지날 때 스핑크스가 문제를 냈습니다.

"아침에는 다리가 넷이고, 낮에는 둘이고, 저녁에는 세 다리로 걷는 동물은 무엇인가?"

오이디푸스에게는 너무 쉬운 문제였습니다.

"인간."

인생의 아침에는 어려서 두 팔과 두 다리로 기고, 인생의 낮인 젊은 시절에는 두 다리로 걷고, 인생의 저녁인 말년에는 지팡이를 짚으니 다리가 세 개가 되는 것입니다. 정답을 풀자 스핑크스는 사라졌어요.

그러자 테베 사람들은 크게 기뻐하며 오이디푸스를 왕으로 모시고, 왕비와 결혼을 시켰어요.

이후 오이디푸스는 기대에 어긋나지 않는 선정을 베풀었고, 10년 남짓 세월이 흘러 왕비와의 사이에 네 아이까지 두었어요. 그런데 그때 전염병이 크게 돌았는데, 그 원인이 어머니와 아들의 불륜 때문이라는 이야기가 퍼졌습니다. 그래서 오이디푸스는 신탁을 청하였고, 마침내 자신이 죽였던 노인이 왕이었던 아버지였으며, 자신이 아버지를 죽이고 어머니와 결혼한 주인공이라는 사실을 알아냈어요. 그는 참회하는 뜻으로 스스로 자신의 눈알을 빼 버리고 방랑의 길을 떠났습니다.

이를 극화한 것이 소포클레스의 비극 〈오이디푸스왕〉입니다.

엘렉트라 콤플렉스

오이디푸스 콤플렉스와는 반대로 여자 아이가 아버지에 대하여 성적 애착을 가지며 어머니를 미워하는 성향을 엘렉트라 콤플렉스라고 합니다. 그리스 신화에 의하면 엘렉트라는 트로이 전쟁의 영웅 아가멤논의 딸이에요. 그런데 아가멤논이 전쟁터에 가 있는 동안 아내 클리타임네스트라는 아이기스토스와 정을 통했고 아가멤논이 돌아오자마자 죽여 버렸습니다. 엘렉트라는 동생 오레스테스와 함께 어머니와 그 애인을 죽여 복수했습니다.

〈아가멤논 무덤 앞의 엘렉트라〉
- 프레더릭 레이턴, 1868~1869년

유래로 보는 세계사 이야기

수단과 방법을 가리지 않는다
마키아벨리즘

마키아벨리는 이탈리아의 정치 사상가이자 외교가, 역사학자로 정치는 도덕으로부터 구별된 고유의 영역임을 주장하는 마키아벨리즘을 제창하여 근대적 정치관을 개척했습니다. 저서로는 《로마사론》, 《군주론》이 있어요.

좋지 않은 일이지만 어쩔 수 없이 해야 할 경우가 있습니다. 특히 정치나 경제 분야에서는 그런 경우가 많은데, 이럴 때 쓰는 말이 마키아벨리즘입니다. 목적을 위해서라면 수단과 방법을 가리지 않는 사고방식을 말하지요. 윤리적으로는 부정적이지만 현실적으로는 어쩔 수 없는 경우를 말합니다.

이 용어는 이탈리아 정치 사상가이자 역사가인 마키아벨리(1469~1527)로부터 나왔습니다. 마키아벨리는 피렌체에서 태어났어요. 12~13세기 이래 피렌체는 이탈리아 르네상스의 중심지로 상당한 번영을 이루었던 곳입니다. 그러나 예술의 보호자였고 뛰어난 지배자였던 로렌초 데 메디치(1449~1492)가 죽은 후에 피렌체는 쇠퇴의 길을 걷게 되었고, 15세기 말에는 공화제가 실시되었습니다.

당시 이탈리아는 여러 도시국가로 분열되어 프랑스와 스페인, 오스트리아의 침략 위협 앞에 놓여 있었어요. 이러한 상황에서 피렌체 공화국의 외교관 마키아벨리는 이탈리아의 여러 지배자들과 접촉을 가졌고, 이때 체사레 보르자에게 깊은 인상을 받았습니다. 보르자는 권모술수에 뛰어난 사람으로 훗날 《군주론》의 모델이 되지요.

1512년, 피렌체 공화국이 무너지고 메디치 가문이 다시 등장하면서 마키아벨리도 밀려나게 되었으며, 이후 마키아벨리는 죽는 날까지 저술에 몰두했어요. 대표작인 《군주론》은 군주가 되려는 사람은 국가를 어떻게 통치해야 하는지, 권력은 어떻게 유지해야 하는지를 밝힌 책입니다.

〈니콜로 마키아벨리의 초상화〉
- 산티 디 티토, 16세기

그는 성공적인 정치란 법칙이 있다고 생각했습니다. 그 법칙을 기독교적 윤리와 같은 정치 이외의 영역에서 찾으려 해서는 안 되며, 현재는 물론이고 과거의 실제적인 정치 실적에서 끌어내야 한다고 했지요. 즉 마키아벨리는 군주는 만약 좋은 결과가 나올 수 있다면 악행을 저지를 준비가 되어 있어야 한다며, 사회 불안의 해결책을 강력한 카리스마를 가진 통치자에서 찾아야 한다고 썼습니다.

이러한 생각은 고대 로마의 사례 때문입니다. 고대 로마는 작은 공화국으로 분열되어 강력한 통일국가를 이루는 것이 지상 목표였고, 그 목표를 위해 어떠한 희생도 감수했는데, 그런 생각을 자신의 책에 담은 것입니다. 이런 관점에서 본다면 그의 정치철학은 현실에 안주하지 않고 끊임없이 이상을 추구하는 이상주의적인 요소가 배어 있다고 할 수 있어요.

체사레 보르자

체사레 보르자의 초상화

체사레 보르자(1475~1507)는 이탈리아의 정치가이자 추기경을 지낸 인물입니다. 교황의 아들로 태어나 아버지를 도와 중부 이탈리아를 공략해 교황령을 확장하고 1501년에는 로마니아공이 되었어요. 그 후 주변의 여러 도시와 지방을 정벌하였는데, 마키아벨리는 그를 이상적인 전제군주로 보아 자신의 책 《군주론》의 모델로 삼았어요.

유래로 보는 세계사 이야기

악화는 양화를 구축한다
그레셤의 법칙

그레셤은 영국의 금융업자이자 무역가로 엘리자베스 1세 때 재정고문과 네덜란드 주재 대사로 활동했어요. '악화는 양화를 구축한다'는 '그레셤의 법칙'의 제창자로 화폐의 개주에 노력했고, 왕립 증권거래소를 창설했습니다. 저서로 《환의 이해를 위하여》가 있습니다.

악화는 나쁜 돈, 양화는 좋은 돈을 말합니다. 세상에 나쁜 돈과 좋은 돈이 따로 있을까요? 하지만 옛날 유럽에는 그런 돈이 있었습니다. 유럽 군주들은 자신의 이름으로 돈을 발행했는데, 재정이 부족하면 금화나 은화를 발행할 때 불순물을 많이 섞었어요. 즉 100파운드의 금으로 100파운드의 금화를 만들기보다는 200파운드의 금화를 찍어 내는 것이 군주로서는 훨씬 이익이었죠. 그런 방법으로 재정을 회복하려 했던 것입니다.

영국의 금융업자 그레셤(1519~1579)은 1559년에 여왕 엘리자베스 1세에게 의견서를 올리며 '악화는 양화를 구축한다'라는 표현을 사용했어요. 나쁜 돈이 좋은 돈을 쫓아내니 악화를 없애라는 의미였습니다. 실제로 한 나라 안에 좋은 돈과 나쁜 돈이 동시에 통용되면 좋은 돈은 시장에서 자취를 감추고 나쁜 돈만 통용됩니다. 이것은 금융 이론상의 원칙인데, 이것을 흔히 '그레셤의 법칙'이라고 합니다.

여기서 그레셤의 법칙을 살펴보면 다음과 같습니다. 두 가지 종류의 백 원짜리 은화가 함께 통용되고 있다면 그 은화의 가치는 똑같은 백 원이지요. 하지만 한쪽

〈토머스 그레셤의 초상화〉 　　　　　　　　　　　　　　　　　　　　　- 안토니스 모르, 1560년경

의 은화가 다른 은화보다 은의 함유량이 많다면 실질적인 가치는 다릅니다. 은의 함유량이 많은 은화가 가치가 높아 양화이고, 은의 함유량이 적은 쪽이 악화라고 할 수 있어요.

그런데 이런 양화와 악화가 사회에서 함께 통용되면 사람들은 양화는 비축해 놓고 악화를 사용하게 된다는 것입니다. 결국에는 악화만이 유통되고 양화는 녹여서 다른 용도로 사용되거나 사라지게 되지요.

그레셤은 영국의 무역상이자 왕실의 재무관으로 종사했어요. 엘리자베스 1세는 그의 의견에 따라 화폐를 다시 만들고 런던의 왕립 외환거래소 설립에 힘을 썼습니다. 이처럼 그레셤의 외환 이론은 당시의 상업과 정치에 지대한 영향을 끼쳤습니다.

이야기 속 이야기

그레셤의 법칙의 적용

그레셤의 법칙은 1858년 H. D. 마크로드에 의해 명명된 이론으로 경제이론과 실무에서 중요한 법칙입니다. 그런데 과연 어떻게 적용될 수 있을까요? 예를 들어, 수출을 할 때 대금을 달러나 화폐가 아니라 금으로 받고자 한다면 그레셤의 법칙을 적용한 것이라고 할 수 있습니다.

> 유래로 보는 세계사 이야기

파산한 사람이 쓰는 티롤 모자
챙 없는 녹색 모자

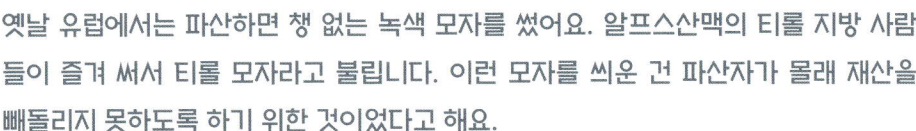

> 옛날 유럽에서는 파산하면 챙 없는 녹색 모자를 썼어요. 알프스산맥의 티롤 지방 사람들이 즐겨 써서 티롤 모자라고 불립니다. 이런 모자를 씌운 건 파산자가 몰래 재산을 빼돌리지 못하도록 하기 위한 것이었다고 해요.

옛날 유럽에서는 파산하면 챙이 없는 녹색 모자를 써야 했습니다. 이 모자는 둥근 고깔 모양으로, 알프스산맥의 티롤 지방에 사는 사람들이 즐겨 쓰고 다녀서 보통 티롤 모자라고 했어요. 이러한 풍습은 남에게 재산상의 손해를 입힌 파산자가 몰래 재산을 빼돌리지 못하게 하기 위해 생긴 것입니다. 만일 파산자가 챙이 있는 모자로 바꿔 쓰면 채권자들로부터 해방되었다는 것을 의미했습니다.

프랑스의 우화 작가 게라르디는 '챙 없는 녹색 모자'를 이렇게 표현했어요.

내가 만일 내 몸을 지키는 데
녹색 모자의 고마운 도움이 없었더라면
법이 정한 테두리 안에서 빠져나가기 위해
헛된 몸부림을 쳤을 것이다.

녹색 모자를 쓰도록 하는 규정은 이탈리아에서 시작되었고, 프랑스로 들어와 1580년 파리의 최고재판소에서 법으로 제정하였어요. 이후 18세기 말에 이르러 이런 규정은 사라졌지만 그 후로도 '챙이 없는 녹색 모자'라고 하면 파산자를 가리키는 용어가 되었습니다.

파산자가 써야 했던 챙 없는 녹색 모자

한편 '챙이 없는 빨간 모자'도 있었습니다. 고대 그리스와 로마에서는 노예를 해방시킬 때 빨간 모자를 쓰게 했어요. 또 전쟁에서 포로로 잡힌 군인들도 자유의 몸이 되면 승리한 개선장군이라는 축하의 뜻으로 빨간 모자를 썼어요. 브루투스는 카이사르를 쓰러뜨린 뒤, 화폐에 엇대어 놓은 칼자루 사이에 자유의 표시로 이 모자를 새겨 넣도록 했다고 합니다.

로마에서는 폭군 네로가 죽었을 때 서민계급이 이 빨간 모자를 썼다고 전해집니다. 또 프랑스의 루이 16세도 단두대에서 처형당할 때 이 모자를 쓰라는 강요를 받았어요. '챙이 없는 빨간 모자' 풍습은 18세기 무렵 공포정치가 사라지면서 자취를 감추었습니다.

유래로 보는 세계사 이야기

모든 사람들을 따뜻하게 하는 종소리
산타 마리아의 종

마리아는 예수님의 어머니로 성모 또는 성모 마리아라고 부릅니다. 천사의 계시로 처녀의 몸으로 아이를 잉태하였고, 초대 교회 때부터 구세주의 어머니로, 은총의 중개자로서 존경의 대상이 되고 있어요. 그래서 서양에서는 성당 이름으로 많이 쓰였고, 산타 마리아의 종은 모든 이를 위로하는 말이 되었습니다.

피렌체의 산타 마리아 델 피오레 대성당

산타 마리아는 '예수님의 어머니인 성모 마리아'라는 뜻입니다. 이탈리아에 가면 산타 마리아라는 이름이 붙은 성당이 아주 많아요. 본래 이탈리아어로 성모 마리아를 뜻하는 말은 마돈나라고 하는데, 이는 그림의 제목 등에 많이 붙여졌습니다.

중세에는 마리아에 대한 숭배가 매우 성행했는데, 여기에는 귀부인에 대한 순종이 포함되어 있고, 여성에 대한 찬양과 동경도 스며 있었

〈수태고지〉 － 바르톨로메 에스테반 무리요, 1660년경

습니다. 기독교 이전 신들의 어머니인 대모신이나 사랑과 미의 여신에 대한 숭배가 여기에 결합되어 있는지도 모르지요. 중세에 건립된 대성당이나 피사의 성당에서 보는 로마네스크, 밀라노 대성당에서 보는 고딕의 성당들에 대개 마리아라는 이름을 붙인 것도 모두 성모 숭배의 흔적으로 볼 수도 있기 때문입니다.

이렇게 산타 마리아라는 이름이 붙은 성당에서 종소리가 들리면 사람들은 가슴이 뭉클하며 마음이 따뜻해집니다. 곧 종소리는 영원한 모성애를 상징합니다. 사랑하는 사람, 집을 떠나 떠도는 사람, 병든 사람, 상처받은 사람들을 위로하는 소리이기도 합니다.

저녁 노을이 비치는 잔잔한 물결 위로 산타 마리아의 종소리가 깔리면, 이것이

바로 저녁 기도를 알리는 종소리입니다. 고기잡이를 나갔다가 돌아오는 어부도, 먼 여행길에서 돌아오는 여행자도 울려 퍼지는 종소리에 손을 모으고 기도의 시간을 가지게 되지요.

성당에 걸린 종

이야기 속 이야기

성당의 종

성당의 종은 미사의 시작과 끝을 알리고, 기도할 시간, 주님 부활의 기쁨을 알린다거나 심지어 성문을 열고 닫는 시간을 알려 주기도 했습니다. 가톨릭에서는 전통적으로 아침, 점심, 저녁에 기도를 올리도록 돼 있는데, 이것을 삼종기도라고 해요. 밀레의 그림 〈만종〉은 저녁 기도 시간에 농부들이 일손을 멈추고 기도하는 모습을 그린 것이에요.

유래로 보는 세계사 이야기

바다를 떠도는 저주받은 배
유령선의 전설

> 남아프리카 희망봉을 지날 때 폭풍우가 치면 유령선이 나타났다는 전설이 있습니다. 17세기에 신을 믿지 않던 네덜란드 선장이 유령이 되어 방황한다는 '방황하는 네덜란드인'이라는 설도 있고, 배 안에서 살인이 일어나 최후의 심판 때까지 바다를 떠돌아야 한다는 설도 있어요. 영화와 소설 등의 소재로 많이 등장하는 유령선을 소개합니다.

유령선이라고 하면 무섭기도 하고 궁금하기도 합니다. 저주받은 영혼을 실은 배가 바다 어딘가를 떠돌고 있을 것 같거든요. 옛날부터 유럽에서는 이 유령선에 대한 이야기를 많이 믿었습니다. 17세기에 저주받은 네덜란드의 선장이 바다 위를 헤맨다고도 하는데, 폭풍이 몰아치는 아프리카 남단 희망봉 근처를 지날 때면 돛을 활짝 편 범선이 나타난다고 합니다. 가까이 다가가 보면 유령 같은 사람이 나와 고국으로 보낼 소식을 전해 달라고 부탁을 한대요. 이후 사람들은 이 배를 유령선이라고 부르며 두려워했어요.

그런데 왜 유령선 이야기가 생긴 것일까요? 문제의 네덜란드 범선이 폭풍을 피하지 않고 거슬러 항해했기 때문이라고도 하고, 배 안에서 살인이 일어나 신으로부터 노여움을 사서 인류 최후의 심판일까지 바다를 항해하며 살아야 하는 벌을 받았기 때문이라는 이야기도 있습니다.

유럽에는 이 유령선 전설의 원형인 듯한 '방랑하는 유태인' 이야기도 전해집니다. 예수님이 십자가를 지고 골고다 언덕으로 끌려가던 중 아하스에로스라는 신기료장

영화 〈캐리비안의 해적 2〉에 등장하는 유령선 플라잉 더치맨호

수(구두나 신을 깁는 일을 직업으로 하는 사람)의 집 앞에서 쓰러졌어요. 그때 아하스에로스는 쓰러진 예수님을 매정하게 내쫓았어요. 예수님은 아하스에로스에게 이렇게 예언했습니다.

"좋다. 나는 곧 갈 것이다. 하지만 너는 내가 돌아올 때까지 방랑하지 않으면 안 될 것이다."

이렇게 해서 아하스에로스는 예수님이 재림할 때까지 고달픈 방랑 생활을 하게 되었다고 합니다. 이 이야기는 유태 민족이 조국에서 쫓겨나 거의 2,000년 동안 세계 각지를 떠돌며 살았던 데서 생겨난 것으로 추측해요.

유령선은 소설과 영화의 소재로도 많이 등장했습니다. 영화 〈캐리비안의 해적 2〉는 17세기에 침몰한 선박이 20세기 초까지 여기저기에 모습을 나타냈다는 '플라잉 더치맨호'의 이야기입니다.

세이렌과 로렐라이 마녀

〈오디세우스와 세이렌〉　　　　　　　　　　　　　－ 허버트 제임스 드레이퍼, 1909년

물과 관련된 전설로는 세이렌과 로렐라이 마녀가 있어요. 세이렌은 그리스 신화에 나오는 요정으로, 항해하는 선박의 승무원을 아름다운 노랫소리로 유혹하여 잡아먹는다고 해요. 로렐라이 마녀도 라인강을 항해하는 사람들을 노래로 홀려 배가 난파되도록 한다고 전해집니다.

자유와 독립의 상징
오줌싸개 동상

벨기에의 수도 브뤼셀의 상징인 오줌싸개 동상은 높이가 약 60cm로, '꼬마 줄리앙'으로도 불립니다. 14세기에 프라방드 제후의 왕자가 소변을 보고 적군을 모욕했다는 데에서 유래하는데, 자유와 독립의 상징이 되었어요. 세계 각국으로부터 이 청동상에 입히기 위한 옷들이 보내져 오고 있답니다.

오줌싸개 동상은 세계 곳곳에 있지만, 원조는 벨기에의 수도 브뤼셀의 그랑 플라스 광장에서 조금 떨어진 곳에 있습니다. 1619년 벨기에의 조각가 제롬 뒤케누아가 만든 것이지요. 하지만 왜 만들었고, 하필이면 시내 한복판에 세워 놓았는지는 확실하게 알려지지 않아서 별의별 이야기가 다 생겨났습니다.

동상이 있는 근처에 살던 어린아이가 모델이었다고 하는 설이 가장 믿을 만합니다. 그 아이가 창가에서 오줌을 싸는데, 하필 그 아래를 지나던 스페인 병사가 오줌 세례를 받았대요. 당시는 스페인의 침략을 받았던 때라 어린아이는 영웅이 되었고, 그것을 기념해 동상이 세워졌다는 것입니다. 스페인의 공격으로 시가지가 불타고 있을 때 한 아이가 적군과 아군이 싸우고 있는 한가운데를 뚫고 걸어와 불길을 향해 오줌을 누었다는 설도 있습니다.

벨기에 수도 브뤼셀의 상징이 된 오줌싸개 소년 동상

이와는 전혀 다른 이야기도 있어요. 어느 시의회 의원이 어린 아들을 잃어버리고 말았어요. 온 시내를 헤매도 아들을 찾지 못하자 아버지는 사람들에게 이렇게 약속했어요.

"만일 아들을 찾게 된다면 발견된 순간의 모습 그대로를 동상으로 만들어 브뤼셀에 기증하겠소."

그러다 아들이 발견되었고, 그때의 포즈가 바로 지금의 모습이었다는 겁니다.

이 오줌싸개 동상이 사라진 적도 있습니다. 18세기 중엽 오스트리아 계승 전쟁 때 영국과 네덜란드가 브뤼셀 근처에서 싸웠는데, 이 싸움에서 승리한 영국군이 오줌싸개 동상을 약탈했습니다. 그러나 이를 놓고 영국군과 프랑스군이 다시 치열한 싸움을 벌여 프랑스군이 동상을 가져갔어요.

하지만 루이 15세(1710~1774)는 이것을 들고 온 병사에게 브뤼셀의 역사적 미술품을 훔쳐 왔다고 호되게 나무랐어요. 루이 15세는 청동상을 다시 브뤼셀에 돌려주면서 정중히 사과했고, 사과의 뜻으로 발가벗은 청동상을 위해 아주 귀한 비단 옷을 선물했어요. 이 일이 알려진 뒤 세계 곳곳에서 어린이 옷이 아직까지 보내지고 있습니다.

더욱 재미있는 일은 제2차 세계대전이 거의 끝나갈 무렵에 벌어졌습니다. 전쟁 중 줄곧 독일군에 점령되어 있던 브뤼셀은 연합군이 진군해 오며 해방을 맞았고, 때마침 미국 해군 기념일이 되자 미군은 해방 기념으로 '오줌싸개'에게 작은 수영복을 선물했어요. 이런 연유로 이 작은 동상은 역사의 흐름 속에서 자유와 독립의 상징이 되었습니다.

유래로 보는 세계사 이야기

유랑하는 보헤미안
집시

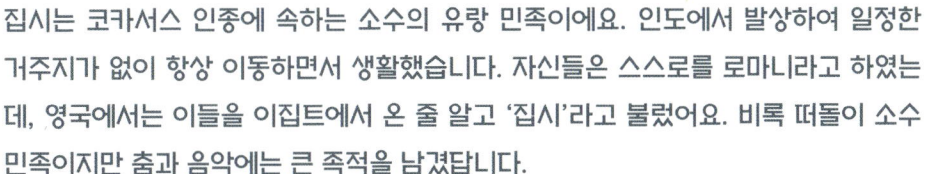

집시는 코카서스 인종에 속하는 소수의 유랑 민족이에요. 인도에서 발상하여 일정한 거주지가 없이 항상 이동하면서 생활했습니다. 자신들은 스스로를 로마니라고 하였는데, 영국에서는 이들을 이집트에서 온 줄 알고 '집시'라고 불렀어요. 비록 떠돌이 소수 민족이지만 춤과 음악에는 큰 족적을 남겼답니다.

정처 없이 떠돌아다니며 방랑 생활을 하는 사람을 집시라고 하는데, 본래 집시는 코카서스 인종에 속하는 소수의 유랑 민족을 이르는 말입니다. 인도계의 피를 이어받았다고 하며 피부색은 까무잡잡한 것이 특징이지요. 또 눈동자와 머리카락은 모두 까맣고 이가 고른 것도 다른 민족과 구별됩니다. 그들은 처음에 인도에서 살다가 점차 서쪽으로 이주했고, 소아시아를 거쳐 발칸반도로 들어가 유럽 각지에 흩어져 살게 되었어요.

그런데 이 집시라는 말은 사실 이집트 사람을 뜻합니다. 16세기에 유랑인들이 영국에 나타났을 때 이집트인으로 잘못 알려지는 바람에 '집시(Gypsy)'라고 했다는 것입니다. 유랑인들은 자기들 스스로를 로마니라고 부르지요.

프랑스에서는 집시를 보헤미안이라고 부르는데, 이것은 집시가 보헤미아 근처에서 왔을 것이라고 생각했기 때문입니다. 보헤미아는 현재 체코의 서쪽 지역을 말해요. 보헤미안이라고 하면 자유분방한 생활을 하는 사람을 뜻하는데, 이는 집시에서 유래된 것일 뿐 실제 보헤미아와는 상관이 없습니다. 참고로 독일에서는 집시를 지고이네르, 스페인에서는 히타노라고 부릅니다.

집시들은 대개 점쟁이, 음악사, 땜장이, 말을 팔고 사는 마도위 등의 일을 했어요. 비록 떠돌이들이었지만 음악이나 춤에 재능을 보여 인류의 문화 발전에 기여한 것도 많습니다. 특히 춤과 음악은 민족음악으로 인정받고 있습니다. 집시

〈카라반, 아를르 주위의 집시 캠프〉 - 빈센트 반 고흐, 1888년

의 후예인 스페인의 사라사테(1844~1908)는 집시의 음악을 널리 알린 19세기 최고의 바이올리니스트로 〈치고이너바이젠(집시의 노래)〉을 남겼지요. 헝가리의 작곡가 리스트(1811~1886)의 〈헝가리 광시곡〉, 독일의 작곡가 브람스(1833~1897)의 〈헝가리 무곡〉 등에는 집시의 선율이 생생하게 살아 있고, 오페라의 거장인 프랑스의 비제(1838~1875)가 지은 가극 〈카르멘〉은 집시의 생활을 다룬 음악입니다. 집시들은 정착하지 못하고 떠도는 소수민족에 불과하지만, 예술에서 발휘한 강한 개성은 결코 과소평가할 수 없습니다.

〈파블로 데 사라사테: 바이올리니스트의 초상화〉
- 윌리엄 메리트 체이스, 1875년경

비제의 <카르멘>

집시들의 생활을 다룬 오페라 <카르멘>은 오늘날에도 많이 공연된다.

1875년에 초연된 집시들의 생활을 표현한 오페라입니다. 프랑스의 역사학자이자 소설가 프로스페르 메리메의 원작 <카르멘>(1845)을 오페라로 만든 것으로, 집시들의 삶을 표현하여 당시 음악계에 커다란 충격을 주었어요. 방랑과 사랑, 그리고 배신과 살인 등 당시로서는 파격적인 소재를 사용했기 때문입니다. 카르멘은 바로 집시 여인의 이름입니다.

유래로 보는 세계사 이야기

문학을 좋아하는 여자들
블루스타킹

블루스타킹은 1750년경 런던에서 재색을 겸비한 사교계의 여왕 몬터규 부인 등이 연 문학 살롱의 별명에서 유래되었어요. 본래는 모임의 명칭이었지만 문학을 좋아하는 여자, 또는 학자인 체하는 여자를 뜻하게 되었습니다.

블루스타킹은 파란색 스타킹을 말하죠. 하지만 이는 여류 문인, 문학을 좋아하는 여자, 학자인 체하는 여자를 조롱하는 말이랍니다. 도대체 왜 이런 말이 생겼을까요?

18세기 중엽, 영국의 엘리자베스 몬터규 부인(1720~1800)은 문학을 매우 좋아했습니다. 1769년에는 《셰익스피어의 작품과 천재에 관한 에세이》라는 책도 냈고, 자신의 저택에서 정기적으로 문학의 밤을 개최했습니다. 인텔리 부인들이 모여 저명한 문인을 초빙해서 열띤 문학 토론을 벌이곤 했는데, 이것은 오늘날까지 이어지고 있습니다.

이 모임에 자주 나오는 사람 중 벤저민 스틸링플릿이라는 남자가 있었는데, 그는 화려한 언변으로 사람들의 인기를 독차지했어요. 하지만 그는 천박하다는 인상을 주었습니다. 신사라면 까만 양만을 신는 것이 예의였는데, 하늘색 털양말을 즐겨 신었기 때문입니다. 그것을 본 보스코웬이라는 해군이 몬터규 부인의 문학회를 '블루스타킹 모임'이라고 장난 삼아 말했어요. 이후로 블루스타킹이라고 하

〈부클루와 퀸즈베리의 공작부인 엘리자베스 몬터규의 초상화〉 - 토머스 게인즈버러, 1767년 추정

면 그 모임에 드나드는 인텔리 여성을 가리키는 말이 되었습니다.

모임은 다른 곳에서도 열렸지만 몬터규 부인의 모임에는 따라올 수 없었어요. 그녀의 저택에는 당시 평론가이자 혼자서 영어사전을 완성시켜 이름을 남긴 새뮤얼 존슨(1709~1784)을 비롯해서, 왕립 미술원의 초대 원장이자 초상화 화가인 조슈아 레이놀즈(1723~1792), 유명한 정치가이자 문필가인 에드먼드 버크(1729~1797) 같은 사람들도 드나들었어요. 그래서 그녀를 흔히 '블루스타킹의 여왕'이라고 부르기도 했습니다.

존슨은 몬터규 부인을 가리켜 '문학상의 지식에 관해서는 영국뿐 아니라 세계에서 제일가는 여성'이라며 칭찬을 아끼지 않았지요. 그녀는 자신의 저택에 중국의 방, 큐빅의 방, 깃털의 방 등으로 불리는 공간을 꾸며 놓고 지적 사교계의 여왕으로 행세했습니다.

블루스타킹은 비록 문학에 심취한 여성을 조롱하는 말이었지만, 블루스타킹의 활발한 모임 이후 영국에서는 여성의 지위가 향상되었다고 합니다.

유래로 보는 세계사 이야기

재치가 필요할 때 쓰는 말
라블레의 15분간

르네상스의 최대 걸작인 《가르강튀아와 팡타그뤼엘》을 쓴 17세기 프랑스의 작가 라블레는 국왕의 명령으로 로마에 사절로 다녀오다 리옹에서 여비가 떨어졌어요. 호텔에 갇힌 그는 고민에 고민을 거듭하다 15분 정도 흐른 뒤 묘안을 짜냅니다. 과연 라블레는 어떻게 위기를 탈출했을까요?

음식점에서 음식을 먹고 난 후 돈이 없어 난감한 경우가 있을 수 있지요. 이런 경우 절묘한 아이디어가 필요한데, 이때 쓰는 말이 '라블레의 15분간'이라는 표현입니다. 여기에는 르네상스 시대 프랑스의 작가이자 의사, 외교관, 성직자 등을 지낸 프랑수아 라블레(1483~1553)에 관한 재미있는 이야기가 담겨 있어요.

성직자이면서도 종교를 강하게 비판했던 라블레는 프랑수아 1세의 명령으로 로마에 사절로 갔다가 돌아오는 길에 리옹에 머물게 되었습니다. 그런데 여비가 바닥이 나자 호텔에 발이 묶일 수밖에 없었어요. 자신이 누구인지 밝힌다면 여비쯤이야 전혀 문제될 것이 없었지만 라블레는 내키지 않았습니다. 어떻게 할 것인지 고심에 고심을 거듭하던 약 15분 후, 마침내 라블레는 기발한 아이디어를 생각해 냈습니다.

그는 아무도 모르게 변장을 하고, 자신은 외국에서 오랫동안 연구를 하고 돌아오는 의사인데 지금까지의 연구 결과를 발표하겠으니 리옹에 있는 모든 의사들에게 즉시 호텔로 모이라고 했습니다. 의사들이 모이자 그는 의학에 관한 강연을 시작했고, 의사들은 라블레가 진짜 저명한 의학자임을 의심하지 않았어요.

르네상스 시대 최고 작가이자 세계 5대 작가 중 한 명이라는 찬사를 받는 프랑수아 라블레

잠시 후 라블레는 갑자기 주위의 창문을 전부 닫게 하고 '이것은 매우 중요한 이야기이니 누구에게도 말해서는 안 된다'고 다짐하고는 진지한 표정으로 좌우를 둘러보았어요. 사람들의 궁금증은 더해만 갔어요. 라블레는 주머니에서 두 개의 약봉지를 꺼내 보여 주었어요. 한 봉지에는 '국왕이 먹을 독', 다른 봉지에는 '왕비에게 먹일 독'이라고 적혀 있었어요.

"나는 이탈리아에서 독극물을 연구해 왔는데, 연구 결과 이 봉지에 있는 독극물은 아주 적은 양으로도 사람을 금방 죽일 수가 있소. 이 독을 해독할 수 있는 약은 안타깝게도 없소이다. 나는 이것을 당장 파리로 가져가서 국왕과 왕비, 그리고 왕자는 물론 공주까지도 모두 죽일 작정이오. 나는 여러분들을 위해, 국민들을 위해, 저 폭군을 독살하겠소."

이 엄청난 말에 주위에 있던 사람들은 모두 놀랐어요. 그러더니 하나둘씩 그 자리를 빠져나갔습니다. 얼마 후 호텔 주위는 병사들에게 포위되었어요. 누군가가 왕을 독살하려는 자를 신고한 거예요. 그것은 라블레가 바라던 바였습니다. 그는 병사에게 잡혀 파리로 호송되었어요. 이리하여 그는 한 푼의 경비도 들이지 않고 안전하게 경호까지 받으며 파리까지 갈 수 있었습니다.

　프랑수아 1세는 이 중대한 음모를 보고받고 몸소 범인을 심문하려 했어요. 그때를 기다렸던 라블레는 변장을 풀고 자초지종을 이야기했습니다. 국왕은 라블레의 말을 듣고 배를 쥐며 웃었고, 그의 기지에 감탄하며 그동안의 노고를 치하했답니다.

유래로 보는 세계사 이야기

리빙스턴 박사가 아니십니까?
리빙스턴

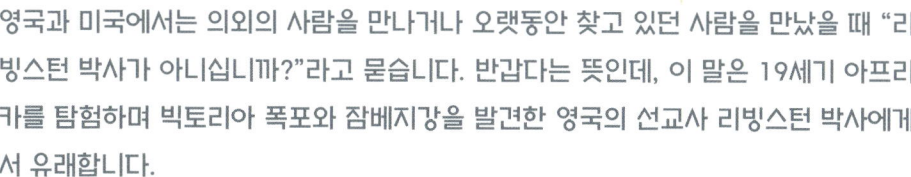

영국과 미국에서는 의외의 사람을 만나거나 오랫동안 찾고 있던 사람을 만났을 때 "리빙스턴 박사가 아니십니까?"라고 묻습니다. 반갑다는 뜻인데, 이 말은 19세기 아프리카를 탐험하며 빅토리아 폭포와 잠베지강을 발견한 영국의 선교사 리빙스턴 박사에게서 유래합니다.

미국이나 영국에서는 의외의 사람을 만나거나 오랫동안 찾고 있던 사람을 만났을 때에는 곧잘 이렇게 말합니다.

"리빙스턴 박사가 아니십니까?"

이 말은 매우 반갑다는 뜻인데, 그렇다면 리빙스턴 박사는 도대체 누구일까요? 리빙스턴 박사는 영국의 탐험가이자 선교사로 아프리카를 여행하면서 열심히 선교활동을 한 인물입니다. 다른 사람들은 대부분 돈을 벌려고 아프리카 오지로 들어가는 데 비해, 리빙스턴은 오로지 선교를 위해서 아프리카를 탐험했어요.

리빙스턴은 1813년 스코틀랜드에서 태어나 독학으로 초등교육을 마친 후 글래스고 대학에서 고학으로 의학과 신학을 공부했어요. 1841년에는 런던 교회의 의료 전도사가 되어 포교를 위해 아프리카 서남부의 부시먼 랜드로 떠났습니다. 그는 그곳에서 아프리카인들과 생활하며 오지 탐험에 나섰어요.

칼라하리 사막을 건너 잠베지강 상류를 탐험하던 리빙스턴은 1855년 빅토리아 폭포를 발견하였고 이듬해 귀국해서 《남아프리카 전도 여행기》를 썼습니다. 그리고 1858년부터 다시 5년간 탐험에 나섰는데, 이 시기의 탐험기는 훗날 《잠베지강과 그 지류 탐험기》로 발표되었어요.

1866년 나일강의 수원지 탐험에 나선 리빙스턴은 그 후 소식이 끊겨 버렸습니다. 그리고 그로부터 5년 후 미국의 탐험가이자 신문기자인 스탠리가 탄자니아 탕가니카 호수의 우지지 근처에서 열병에 걸려 몰라보게 수척해진 한 백인 노인

1851~1873년 리빙스턴의 아프리카 탐험 여정

을 발견했습니다. 스탠리는 그 노인에게 물었습니다.

"리빙스턴 박사가 아니십니까?"

노인은 고개를 끄덕였어요.

스탠리 기자는 이 사실을 보도하여 일약 유명해졌습니다. 하지만 스탠리와 헤어진 리빙스턴은 1873년 잠비아와 자이르의 경계인 방궤울루호 부근 마을에서 급성 전염병인 이질에 걸려 유명을 달리하고 말았어요.

리빙스턴은 아프리카 대륙

영국의 탐험가인 리빙스턴은 아프리카에서 선교활동을 하였다. (데이비드 리빙스턴)   - 프레데릭 하빌, 19세기

과 교류를 가진 유럽인들 중에서 가장 인도적이고 양심적인 사람이었습니다. 그는 백인 우월의식을 과감히 떨쳐 버리고 선교활동을 하면서 노예제 폐지를 주장하기도 했습니다.

영국 정부는 그간 리빙스턴이 해 온 포교와 탐험에 끼친 공로를 인정해 그의 유해를 웨스트민스터 사원에 안치했어요. 빅토리아 폭포의 동쪽 자이르 남단에는 리빙스턴이라 이름 붙여진 도시가 있고, 박물관에는 그의 유품들이 전시되어 있습니다.

4
ART

예술로 보는
세계사 이야기

예술로 보는 세계사 이야기

인류가 남긴 최고의 예술품
모나리자의 미소

이탈리아의 화가 레오나르도 다빈치가 그린 〈모나리자〉는 인류가 남긴 최고의 예술품으로 알려져 있습니다. 특히 알 듯 모를 듯 미소 짓는 모습은 신비롭지요. 모나리자의 '모나'는 이탈리아어로 부인에 대한 경칭이고, '리자'는 피렌체의 부유한 상인인 조콘도의 부인 이름이에요. 모나리자의 미소 속으로 들어가 볼까요.

〈모나리자〉는 이탈리아의 화가 레오나르도 다빈치의 그림입니다. 특히 아름다운 미소는 신비롭기까지 하지요. 레오나르도 다빈치가 피렌체의 부호인 프란체스코 델 조콘도의 부탁으로 그의 아내 엘리사베타를 모델로 해서 그린 그림이에요. '모나리자'는 '나의 엘리사베타'라는 뜻입니다.

이 그림에는 여러 가지 이야기가 있습니다. 첫째, 그림의 인물에는 눈썹이 없는데, 이는 당시에 넓은 이마를 보여 주는 것이 유행이라서 눈썹을 뽑았기 때문이라고 전해지죠. 또 본래 눈썹이 있었으나 복원 과정에서 지워졌다고도 하고, 아직 눈썹을 그리지 못한 미완성 작품이라는 말도 있어요.

특히 입 주위가 어딘지 모르게 조금 당겨져 있고 조금은 일그러진 듯 그 미소는 야릇하고 신비롭기도 하지요. 엘리사베타가 당시 자식을 잃은 직후였기에 슬

인류가 남긴 최고의 예술품으로 평가받는 〈모나리자〉 — 레오나르도 다빈치, 1503~1506년

품에 젖어 있어 자연적으로 지어진 것이라고도 하고, 평소 레오나르도 다빈치의 심오한 인간 통찰을 보여 주는 표현이라고도 합니다. 이러한 미소는 그리스나 소아시아의 옛날 조각 등에서 발견되는 '아르카이크 스마일(예스러운 웃음)'과도 닮은 점이 있어요.

이 그림을 그리는 데 걸린 시간은 엘리사베타가 24세였던 1503년부터 1506년까지였다고 합니다. 나무판에 유화로 그려진 것으로 크기는 77×53cm에 불과해요. 이 작은 작품에 무려 4년이라는 긴 시간이 걸렸고, 그것도 미완성이었다니 놀라지 않을 수 없지요. 이 그림을 그릴 때 다빈치는 그렇게 오랜 날들을 모델에게 같은 표정과 같은 포즈를 요구하는 것은 무리라는 것을 잘 알고 있었습니다. 때문에 다빈치는 화실로 악사나 광대 등을 불러 엘리사베타가 지루해하지 않도록 배려했다고 합니다.

〈모나리자〉는 처음에는 프랑스 르네상스의 아버지라 불리는 프랑수아 1세의 소유였습니다. 프랑수아 1세는 파리의 동남쪽에 위치한 퐁텐블로궁에 이 그림을 걸어 놓았어요. 그리고 수백 년이 흐른 지금, 이 그림은 루브르 박물관에 소장되어 있지요. 하지만 자주 씻어 내고 빛을 내기 위해 니스를 발라 그림 전체가 잘게 갈라지고 희미해져 버렸습니다. 그러나 〈모나리자〉의 미소는 갈수록 깊어만 가고 인간과 예술의 그 깊은 의미를 묻고 있는 것 같은 느낌을 줍니다. 그래서 이를 인류 최고의 미술품이라고 하는 모양입니다.

예술로 보는 세계사 이야기

레오나르도 다빈치와 바이올린
바이올린

> 서양 음악의 발달에 혁혁한 공을 세운 악기가 바이올린입니다. 크기가 작고 줄도 네 개에 불과하지만 소리만큼은 어느 악기도 따라올 수 없지요. 이 바이올린이 발명된 데에는 레오나르도 다빈치가 큰 역할을 했다는 이야기가 전해집니다. 과연 어떤 이야기일까요?

여러 악기 중 바이올린만큼 멋진 선율을 내는 악기도 드뭅니다. 크기가 작고 현도 네 개밖에 없지만 소리는 정말 아름답지요. 바이올린은 16세기 초 이탈리아에서 발명되었다고 하는데, 비올이라는 악기에서 발전되었다는 것이 정설입니다.

그런데 바이올린의 발명에는 흥미로운 이야기가 전해집니다. 천재 화가인 레오나르도 다빈치(1452~1519)가 큰 역할을 했다는 것이에요. 심지어 프랑스 황제 프랑수아 1세(1494~1547)는 다빈치가 바이올린을 발명했다고도 했습니다.

다빈치는 파리 남동쪽 퐁텐블로궁에서 열린 프랑수아 1세의 생일잔치에 참석했어요. 아름다운 정원에서 아리따운 아가씨들이 악기를 연주하는데, 유독 비올을 연주하는 아가씨에게 눈이 갔습니다. 그 아가씨는 외모도 아름다웠고 특히 연주 솜씨가 뛰어났지요.

연주가 끝나자 다빈치는 그 아가씨에게 다가가 자기 집을 방문해 달라고 부탁했어요. 그녀를 모델로 그림을 그려 프랑스 왕의 궁전에 걸어 놓고 싶었기 때문입니다. 그러나 아가씨는 오빠가 병을 앓고 있기 때문에 파리를 떠날 수 없다며 거절했습니다.

그녀의 오빠 피에트로 다리델리는 이탈리아 북부 만토바에서 대대로 현악기를 만드는 가문의 자손이었어요. 피에트로는 예술의 중심지 파리에서만큼은 자기가 만든 악기를 알아줄 것이라고 믿고 파리로 이주했던 것입니다. 그러나 생각과는 달리 그의 악기를 인정해 주는 사람은 없었고, 그 때문에 피에트로는 병을 얻게 되었어요. 그녀의 말을 들은 다빈치는 꼭 그들 남매를 돕겠다고 약속하곤 헤어졌습니다.

어느 날, 다빈치는 그들 남매를 찾아갔습니다. 피에트로는 다빈치를 보자 초췌한 몸을 일으키며 자기의 포부와 야심을 털어놓았어요. 그것은 비올보다 짧고 현이 네 줄밖에 없는, 세상을 깜짝 놀라게 할 새로운 악기를 만들겠다는 것이었습니다. 이 악기는 비올과는 비교가 되지 않을 정도로 아름답고 완전한 음색을 낼 것이라고도 했어요. 다빈치는 그 젊은이의 포부와 야심을 믿고 악기

16세기 초에 발명된 바이올린

가 완성되면 자기가 제일 먼저 구입하겠다며 미리 그 값을 치르고 돌아왔습니다.

악기를 인수하기로 한 날, 새로운 악기는 완성되어 있었지만 피에트로의 건강은 안타깝게도 더욱 나빠져 있었습니다. 여동생은 오빠가 혼신의 힘을 다해 만든 악기로 천천히 연주하기 시작했어요. 조용히 눈을 감고 연주를 감상하던 다빈치는 그 섬세하고 아름다운 선율에 감동한 나머지 눈물을 흘리고 말았어요. 그것은 모든 음색을 초월한, 이제껏 들어 본 적이 없는 아름다운 소리였습니다. 포플러 나뭇가지를 흔드는 듯한 바람의 살랑거림, 골짜기의 계곡물이 졸졸거리며 흘러내리는 듯한 소리, 작은 요정들의 아름다운 비상, 그리고 사라진 봄을 아쉬워하는 영혼의 탄식 등 모든 것이 한데 어울려 있는 것 같았습니다.

그런데 연주의 마지막 부분에서 갑자기 탁 하는 소리와 함께 현이 끊어졌습니다. 다빈치는 깜짝 놀라 피에트로를 바라보았어요. 그 순간 이 젊은 장인의 혼백은 그가 세상에서 최초로 만들었던 바이올린의 현과 함께 날아가 버렸습니다. 피에트로는 그렇게 세상을 떠났지만 그가 남긴 악기 바이올린은 지금까지 아름다운 음악을 전해 주고 있지요.

레오나르도 다빈치

르네상스 시대의 천재 화가 레오나르도 다빈치

르네상스 시대의 이탈리아를 대표하는 천재 화가입니다. 그는 조각·건축·토목·수학·과학·음악에 이르기까지 다양한 방면에 재능을 보였어요. 대표작으로 〈최후의 만찬〉, 〈모나리자〉, 〈동굴의 성모〉, 〈동방박사의 예배〉 등이 있는데, 르네상스를 대표하는 가장 위대한 예술가일 뿐만 아니라 지구상에 생존했던 가장 경이로운 천재 중 한 명이었습니다.

예술로 보는 세계사 이야기

"열려라, 참깨!"
아라비안나이트

《아라비안나이트》는 아라비아의 민화를 중심으로 페르시아, 인도, 이란, 이집트 등지의 설화까지 포함한 약 250편의 이야기로 이루어져 있습니다. 이 중 〈알리바바와 40인의 도적〉은 가장 재미있는 이야기입니다. 주인공 알리바바는 '열려라, 참깨!'라는 주문을 외며 맹활약을 하지요. 이 주문은 오늘날 중요한 문제를 해결하는 열쇠의 의미로 사용되고 있어요.

 《아라비안나이트》는 아라비아라는 특수한 풍토 위에 피어난 사막의 꽃과 같은 설화집입니다. 《아라비안나이트》는 10세기경부터 페르시아 고대의 '천 편의 이야기'에 셈족과 이집트의 민간설화가 합쳐지면서 사라센 제국의 절정기인 15~16세기 무렵에 완성되었어요. 이 책이 재미있는 것은 풍부한 상상력이 들어 있기 때문입니다.

 사랑했던 왕비가 부정을 저지르자 왕은 왕비를 죽이고 세상의 모든 여인들을 왕비와 같이 부정한 여인으로 생각하며 극도로 증오심을 불태웠습니다. 그 이후로 왕은 날마다 새로운 왕비를 맞이하여 하룻밤을 보내고 난 뒤에 죽이는 잔인한 복수를 계속했어요.

 그러던 어느 날, 셰에라자드가 왕비로 간택되었습니다. 그녀는 자신도 하룻밤

〈왕이 셰에라자드를 사면하다〉 - 아서 보이드 휴튼, 1865년

이 지나면 왕의 손에 죽게 된다는 사실을 잘 알고 있었지요.

그녀는 지혜를 발휘해 잠자리에서 왕에게 재미난 이야기를 들려주었어요. 왕이 배꼽을 쥐며 재미있어 하자 셰에라자드는 나머지 이야기를 다음 날로 미루었습니다. 다음에 이어질 이야기를 듣고 싶었던 왕은 그녀를 죽이는 것을 다음 날로 미루었지요.

이러한 일이 천 일 밤이나 되풀이되었고, 왕이 가졌던 여인에 대한 증오심은 어느덧 사라졌습니다. 물론 셰에라자드에게 정이 들면서 그녀를 아끼고 사랑하게 되었지요. 이렇게 천 일 동안 밤에 한 이야기라고 해서 '천일야화'라고도 합니다.

여기에 담긴 이야기들은 원래 페르시아의 설화라고 하는데 훌륭한 문학적 매력을 지니고 있어요. 특히 〈알리바바와 40인의 도적〉은 아주 재미있지요. 주인공 알리바바는 '열려라, 참깨!'라는 주문을 외우며 맹활약을 해서 도둑들을 따돌립니다. 이 주문은 오늘날 중요한 문제를 풀어내는 열쇠의 의미로 쓰이고 있어요.

이 이야기를 통해 우리는 메마른 사막에서 끈질긴 생명력을 이어 온 아라비아인들이 삭막하고 메마른 땅속에 어마어마한 보물 창고가 숨겨져 있다는 환상을 즐겼다는 것을 알 수 있습니다. 그리고 그것은 오늘날에 이르러 환상이 아닌 현실이 되었습니다. 그 황량한 사막에서 엄청난 석유가 나오니 말이지요.

> 예술로 보는 세계사 이야기

인간의 깊은 내면에 잠재된 본성
지킬 박사와 하이드

<지킬 박사와 하이드>는 인간의 내면에 있는 선과 악을 드러낸 소설입니다. 출간될 당시에는 인간의 가장 깊은 곳에 잠재되어 있는 본성을 끄집어냈기에 사회적으로 큰 파장을 일으켰습니다. 선하고 명성이 자자한 지킬 박사와 악한 하이드는 같은 사람이에요. 이 작품을 통해 과연 우리는 어떻게 살고 있는지 되돌아봅시다.

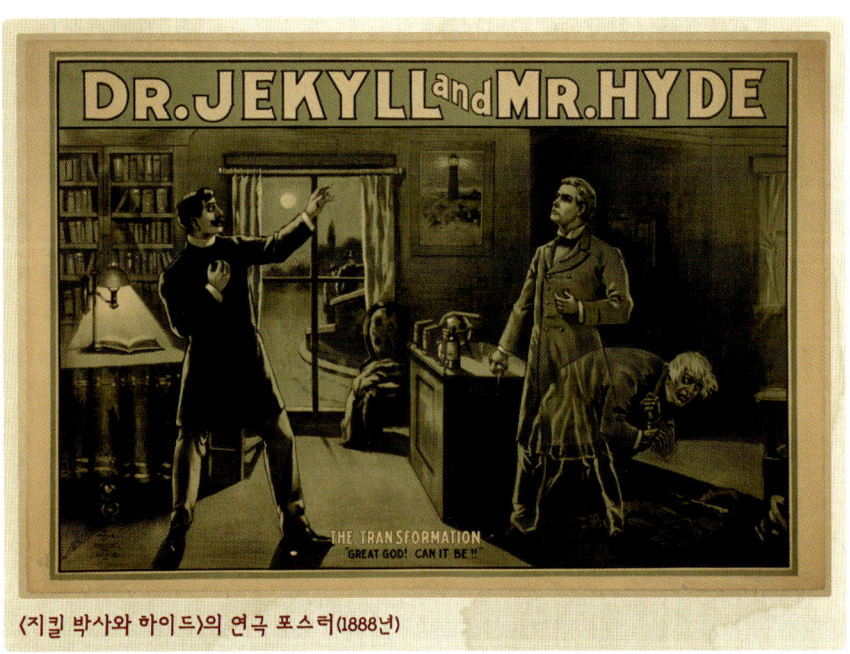

<지킬 박사와 하이드>의 연극 포스터(1888년)

〈지킬 박사와 하이드〉는 〈보물섬〉으로 유명한 영국의 작가 스티븐슨(1850~1894)이 쓴 소설입니다. 이 제목에는 작가가 의도한 것보다 더 큰 의미가 숨어 있어요. 도대체 그 의미는 무엇일까요?

학문에 몰두하여 연구를 거듭하던 지킬 박사는 어느 날 자신도 놀랄 정도로 신기한 약을 만들어 냅니다. 먹으면 외모는 물론 정신까지도 다른 사람으로 변화시키는 약입니다. 지킬 박사는 이 약을 자신에게 실험하기로 합니다.

영국의 작가 스티븐슨

약을 먹은 지킬 박사는 하이드라는 사람으로 변신했습니다. 하이드는 외모가 추악하고 양심이라곤 털끝만큼도 없는, 지킬 박사와 정반대되는 인물입니다. 놀라운 것은 지킬 박사가 오히려 이러한 인간으로의 변신을 즐기고 좋아한다는 것이지요. 그간 지킬 박사는 자신의 명성으로 인해 사회적인 제약 속에 살아야 했고, 그런 삶이 정신적인 억압으로 쌓여 왔어요. 그래서 하이드라는 추악하고 비인간적인 인물로 변함으로써 그런 속박에서 벗어날 수 있어서 무엇보다 즐거웠고 새로운 해방감을 맛보았는지도 모릅니다.

하이드는 밤거리를 돌아다니면서 갖은 악행을 일삼았고, 그 재미에 푹 빠졌습니다. 그러나 집으로 돌아와 다시 약을 먹으면 하이드라는 인물은 온데간데없이 사라지고 본래의 지킬 박사로 돌아왔지요. 지킬 박사는 매일 밤 그 즐거운 유혹을 뿌리칠 수 없게 되었고, 그런 생활을 되풀이하면서 지킬 박사의 몸엔 어느덧 하이드적인 요소가 많아졌어요.

그러던 어느 날 마침내 무서운 일이 벌어집니다. 분명 지킬 박사의 모습으로 잠이 들었는데 깨어나 보니 약을 먹지 않았는데도 하이드의 모습으로 변한 것입니다. 더구나 본래의 모습으로 바꾸어 줄 약도 이미 바닥난 상태였어요. 지킬 박사는 그간의 비밀이 세상에 알려지는 것이 두려운 나머지 자살을 택합니다.

이 이야기가 실제 같은 느낌이 드는 것은 왜일까요? 그것은 이 이야기 속에 숨겨진 선과 악, 아름다움과 추함의 갈등이 상징적으로 나타나 있기 때문일 겁니다.

이 작품에는 실제 모델이 있었던 것으로 추정됩니다. 1700년경 스티븐슨의 고향 에든버러에 윌리엄 브로디라는 사람이 있었어요. 그는 시의회 의원을 지내기도 한 명사로, 세인들로부터 존경을 받았습니다. 그러나 그는 낮과 밤의 모습이 전혀 다른 이중적인 사람이었어요. 그는 남몰래 두 명의 정부를 두고 있었을 뿐만 아니라 도둑질을 일삼았으며 훔친 돈으로 도박은 물론 거리의 불량배들과 어울려 다니기까지 했습니다. 그러나 마침내 그런 사실이 세상에 알려지면서 파멸하게 되었지요. 스티븐슨은 이 인물에서 힌트를 얻은 것이 아닐까요?

예술로 보는 세계사 이야기

가장 대비되는 성격 유형
햄릿과 돈키호테

햄릿은 영국의 극작가 셰익스피어의 비극 〈햄릿〉의 주인공이고, 돈키호테는 스페인의 작가 세르반테스가 쓴 소설 〈돈키호테〉의 주인공입니다. 이 두 인물은 정반대의 성격으로 예로부터 인간의 성격을 설명하는 데 비유되었어요. 내 주위의 사람들 중 햄릿형의 사람은 누구고, 돈키호테형의 사람은 누구일까요?

〈햄릿〉의 삽화 — 외젠 들라크루아, 1843년

〈돈키호테〉의 삽화 — 귀스타브 도레, 1863년

햄릿과 돈키호테는 유명한 소설 속의 주인공들입니다. 하지만 이 둘을 함께 엮어서 말할 땐 인간의 성격 유형을 뜻하는 말로 사용되지요. 둘은 성격이 달라도 너무나 다르거든요. 햄릿형은 사색이나 회의의 경향이 많고 결단이나 실행력이 약한 성격 유형을 말해요. 이에 비해 돈키호테형은 현실을 무시하고 공상에 빠짐으로써 자기 나름의 정의감에 사로잡혀 분별없이 저돌적으로 행동하는 성격 유형을 말합니다.

이에 대해 처음 이야기한 사람은 러시아의 작가 투르게네프(1818~1883)입니다. 그는 '햄릿과 돈키호테'라는 주제의 강연에서 두 주인공의 성격을 비교했어요. "햄릿을 사랑하기란 쉽지 않은 반면에 돈키호테를 좋아하지 않는 사람은 아마 없을 것"이라고 말이지요.

햄릿은 영국의 극작가 셰익스피어(1564~1616)의 비극 〈햄릿〉의 주인공입니다. 숙부가 부왕을 독살한 것을 알게 된 햄릿은 원수를 갚지만 끝내 자신도 독이 묻은 칼에 찔려 죽지요. 이에 비해 돈키호테는 스페인의 작가 세르반테스(1547~1616)가 1605년에 쓴 소설 〈돈키호테〉의 주인공입니다. 돈키호테는 평범한 시골 사람이었는데, 황당무계하기 짝이 없는 기사 이야기책들만 골라 읽은 나머지 나중엔 머리가 약간 이상해지지요. 그는 뚱보이자 마음씨 좋은 산초를 하인으로 삼고 로시난테라는 말을 타고 여러 나라를 돌아다니며 수많은 사건과 모험을 겪게 됩니다.

햄릿은 "죽느냐 사느냐, 그것이 문제로다"라는 너무나 유명한 말이 상징하듯, 근대 지식인의 원형으로 그려집니다. 반면에 돈키호테는 현실을 무시하고 과대망상에 사로잡혀 자기가 옳다고 생각하는 일에 맹목적으로 달려드는 행동적인 사람의 원형으로 여겨지지요. 그러나 현대적으로 해석하면 오히려 햄릿이 행동적인 인물이라고 보는 경우도 있답니다.

예술로 보는 세계사 이야기

용감한 사람만이 미인을 얻는다
드라이든

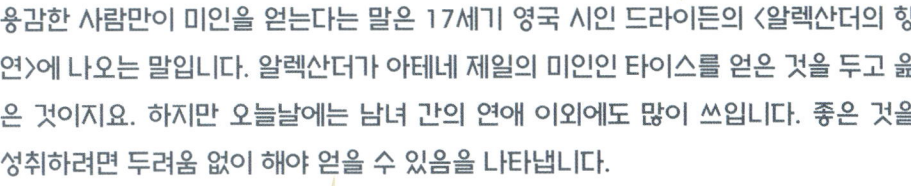

용감한 사람만이 미인을 얻는다는 말은 17세기 영국 시인 드라이든의 〈알렉산더의 향연〉에 나오는 말입니다. 알렉산더가 아테네 제일의 미인인 타이스를 얻은 것을 두고 읊은 것이지요. 하지만 오늘날에는 남녀 간의 연애 이외에도 많이 쓰입니다. 좋은 것을 성취하려면 두려움 없이 해야 얻을 수 있음을 나타냅니다.

   용감한 사람만이 미인을 얻는다는 말을 한두 번쯤 들어 봤을 겁니다. 이 말은 17세기 영국 시인 존 드라이든(1631~1700)의 〈알렉산더의 향연〉에 나오는 말이에요. 이 시에는 '음악의 힘'이라는 부제가 붙어 있어요. 드라이든은 시인이자 극작가, 비평가로 처음에는 크롬웰의 공화정치를 지지했으나 왕정복고와 더불어 왕당파가 되었어요. 이 시 외에도 왕위 계승 분쟁을 다룬 정치적 풍자시 〈앱설럼과 어키터펠〉 등의 명작을 남겼습니다.

   당시 런던에는 음악을 사랑하는 모임이 있었는데, 해마다 음악의 수호자 성 세실리아의 날(11월 22일)에 정기적으로 음악회를 열었어요. 계관시인이었던 드라이든은 이 모임의 부탁으로 〈성 세실리아의 날을 위한 송가〉를 썼는데, 불우했던 만년에 다시 그 모임의 부탁으로 〈알렉산더의 향연〉을 썼습니다.

드라이든의 《알렉산더의 향연》 삽화

시는 기원전 331년 페르시아를 정복한 알렉산더 대왕이 페르시아의 왕궁에서 축하연을 베푸는 내용입니다. 웅장하고 감미로운 음악 소리가 홀 안을 가득 채웠을 듯한 이 장면을 드라이든이 글로 옮겼는데, 마치 취주악과도 같은 한 편의 시를 써냈습니다.

가장 높은 자리에 알렉산더 대왕이 마치 신처럼 앉아 있고, 그의 곁에는 대왕의 시중을 드는 눈부시도록 아름다운 여자가 있었지요. 그녀가 바로 아테네 제일의 기녀인 타이스였습니다. 그 장면에서 드라이든은 이렇게 읊었습니다.

영국 비평의 아버지로 불리는 드라이든.
〈존 드라이든〉 - 제임스 모베르, 1700년 이후

용감한 자만이
용감한 자만이
아, 용감한 자만이 미인을 얻도다.

용감한 자만이 미인을 얻는다는 말은 비단 남녀 간의 연애에만 한정되는 것은 아닙니다. 어떤 일, 특히 좋은 것을 성취하기 위해서는 두려움을 갖지 말고 용감하게 해 나가야 한다는 뜻으로도 쓰입니다.

"나는 도저히 안 돼."

이런 생각은 버리고, 우리도 용기를 갖도록 해 볼까요?

예술로 보는 세계사 이야기

자고 일어나니 유명해졌다
바이런

영국의 시인 바이런은 자유분방함과 고뇌에 찬 표현으로 당대 유럽 젊은이들에게 큰 영향을 주었어요. 특히 여러 곳을 여행한 경험을 바탕으로 쓴 〈차일드 해럴드의 편력〉은 바이런을 일약 스타로 만들었습니다. 그래서 이때 바이런은 '자고 일어나니 유명해졌다'는 말을 남겼어요.

영국의 낭만파 시인 바이런(1788~1824)은 '자고 일어나니 유명해졌다'는 말을 남겼습니다. 이 말은 오늘날에도 많이 쓰이는데, 사실 그것은 상징적인 표현일 뿐 하루아침에 성공하기는 어렵지요. 성공하겠다는 각오로 열심히 그 분야에 매진한 결과 유명해졌다는 것이지, 무조건 자고 나서 유명해졌다는 의미는 아닙니다.

바이런은 자유분방하면서 엉뚱하기도 한 시인이었습니다. 그는 젊은 시절 많은 곳을 떠돌아다녔는데, 그때의 경험을 바탕으로 쓴 것이 〈차일드 해럴드의 편력〉입니다. 다정다감한 청년이 멀리 여행을 떠나 수천 년 된 폐허를 더듬어 가던 끝에 깊은 상념에 사로잡힌다는 내용입니다.

이 시는 사람들에게 그야말로 폭발적인 반응을 일으켰어요. 이때 나온 말이 바로 '자고 일어나니 유명해졌다'는 것입니다. 그러나 이 말은 바이런이 한 말이 아니라 친구인 토마스가 전한 것이라고도 합니다.

바이런의 인습과 도덕을 비웃는 자유분방함, 그리고 고뇌에 찬 표현은 괴테를 감탄하게 했어요. 또한 프랑스 낭만주의와 러시아의 시인 푸시킨에게 영향을 주며 유럽의 젊은이들을 사로잡았습니다.

당시 사교계가 이런 바이런을 그냥 놔둘 리 없었지요. 바이런의 이름은 어느 살롱

〈6대 남작 조지 고든 바이런〉 – 리처드 웨스텔, 연도 미상

에서나 많은 사람들의 입에 오르내렸으며, 특히 여성들 사이에서의 인기는 상상을 초월할 정도였습니다.

그러나 바이런은 사교계의 인사로 남아 있을 운명이 아니었습니다. 그는 상원의원이 되어 처음 노동자들의 권익을 위해 기존 질서를 깨는 과격한 발언을 해서 의회를 깜짝 놀라게 했어요. 기성의 질서를 거부하고 자유를 갈망하는 염원이 가슴속에서부터 용광로처럼 끓고 있던 것입니다.

또 바이런은 한시도 펜을 놓지 않았어요. 자기를 따르는 여성들과 어울리며 주위를 의식하지 않는 자유로운 관계를 유지하는 것 역시 마찬가지였습니다. 그러나 그의 무분별한 여성 편력은 결국 비난을 받았고, 그는 영원히 고국을 떠나게 되고 말았지요. 고국을 떠나며 그는 다음과 같이 읊었습니다.

영국이여, 많은 결점이 있지만
그래도 나는 너를 사랑한다.

그가 35세 되던 해, 그리스인들이 오스만튀르크의 독재에 대항해서 독립전쟁을 일으켰습니다. 바이런은 전 재산을 털어 의용군을 모집했고 자신도 전쟁에 참가했어요. 하지만 불행하게도 말라리아에 걸려서 사망하고 말았습니다. 바이런의 작품 세계는 낭만 그 자체였고, 삶 역시 파란만장한 한 편의 로망이었다고 할 수 있습니다.

예술로 보는 세계사 이야기

인간은 생각하는 갈대
파스칼의 팡세

> 갈대란 연약한 존재를 뜻하지요. 환경에 따라 자만심에 빠질 수도 있고, 유혹에 쉽게 넘어가기도 합니다. 하지만 파스칼은 '인간은 생각하는 갈대'라고 했어요. 바로 생각을 할 수 있기 때문에 자신의 잘못된 점을 깨닫고 반성할 수 있다는 말이에요.

'인간은 생각하는 갈대다'라는 말을 들어 봤을 것입니다. 인간은 갈대처럼 나약한 존재이지만 '생각'을 할 수 있다는 점에서 숭고함을 갖고 있다는 뜻이지요. 이 말은 17세기 프랑스의 철학자이자 수학자인 블레즈 파스칼(1623~1662)의 《팡세》에 나오는 유명한 구절이에요.

파스칼은 원뿔 곡선에 관한 정리와 액체 압력에 관한 원리 등을 발견해 낸 수학자이자 물리학자이기도 해요. 몸이 아주 약했던 파스칼은 《기독교의 변증론》을 집필하던 중 39세를 일기로 요절했어요. 그 초고를 파스칼의 친구가 정리해서 책으로 만든 것이 바로 《팡세》입니다.

'인간은 생각하는 갈대'라는 유명한 구절의 바로 앞부분에는 '이 끝없는 공간의 영원한 침묵이 나를 두렵게 한다'라는 표현이 있습니다. 파스칼은 이렇듯 우주의 무한함과 영원함, 그리고 자신을 두렵게 만드는 침묵을 끌어안으면서 다음과 같

〈블레즈 파스칼, 수학자 및 철학자〉 — 오귀스탱 파주, 1779~1781년

이 말했어요.

"인간은 한 줄기의 갈대에 지나지 않으며 자연 가운데서 가장 나약한 존재이다. 그러나 인간은 생각하는 갈대이다. 인간을 죽이기 위해선 우주 전체가 무장할 것도 없다. 한 줄기의 연기와 한 방울의 물로도 인간을 죽이기에 충분하다. 우주가 인간을 죽인다 해도 인간이 자기를 죽이는 것보다 거룩하다. 인간은 자기가 죽는다는 것과 우주가 자기보다 위대한 힘을 갖고 있다는 것을 잘 알고 있기 때문이다. 그러나 우주는 그러한 것을 전혀 모르고 있다."

《팡세》에서 '인간은 생각하는 갈대'라고 표현한 파스칼. 〈블레즈 파스칼〉
- 제라르 에들링크, 1690년경

"우리들의 고귀한 품위는 사고하는 가운데서만 존재한다. 그러므로 올바르게 생각하도록 힘써야 한다. 이것이야말로 가장 중요하다"라고 역설한 파스칼은 생각에 따른 인간성의 근본적 자각이 인간의 불완전성을 스스로 깨닫게 하는 것이며, 그것이 바로 신에게 다가가는 길이라 가르치고 있습니다.

예술로 보는 세계사 이야기

나를 거쳐 슬픔의 도시에 이른다
단테의 신곡

이탈리아의 시인 단테는 1304년경부터 《신곡》을 쓰기 시작하여 1321년에 완성했습니다. 《신곡》은 〈지옥 편〉, 〈연옥 편〉, 〈천국 편〉의 3부로 이루어졌으며, 사후의 세계를 중심으로 한 단테의 여행담입니다.

중세 서양에서 가장 뛰어난 문학작품은 이탈리아의 시인 단테(1265~1321)가 쓴 장편 서사시 《신곡》입니다. 이 작품은 문학적, 종교적 사상의 결정판으로 〈지옥 편〉과 〈연옥 편〉, 〈천국 편〉으로 구성되어 있어요.

〈지옥 편〉의 첫머리에서 단테는 '인생 여정의 중도에서 문득 삶과 죽음의 어두운 숲속으로 난 오솔길 위의 자신을 발견'합니다. 그리고 제3부에서 베르길리우스의 안내로 지옥 어귀의 커다란 문에 도착하게 되지요. 그 문 위에 붙은 첫 문구가 바로 '나를 거쳐 슬픔의 도시에 이른다'입니다. 무겁고 어두운 느낌이 정말 지옥의 문에 잘 어울리는 구절이에요.

나를 거쳐서 슬픔의 도시에 이른다
나를 거쳐서 영원의 탄식에 이른다

나를 거쳐서 멸망한 백성들 속에 이른다
정의야말로 드높이 든 내 손을 움직이고
성대의 권위가 나를 만들어 냈다
모든 희망을 버려라, 여기에 들어오는 사람들이여!

〈지옥의 단테와 베르길리우스〉 - 윌리앙 아돌프 부그로, 1850년

〈지옥 편〉에는 지옥에 떨어져 고통에 시달리는 역사적 인물이 등장합니다. 애욕으로 인해 목숨을 잃은, 이탈리아 리미니 성주의 아내 프란체스카와 시동생 파올로의 이야기는 진한 감동을 주지요.

루비콘강 기슭 리미니의 성주 말라테스는 라벤나 영주의 딸 프란체스카의 아름다움에 대한 이야기를 듣고서 그를 아내로 맞이하려 했습니다. 하지만 그녀 앞에 나설 용기가 나지 않았어요. 자신의 얼굴이 곰보였기 때문입니다. 그는 궁리 끝에 선을 보는 자리에 동생 파올로를 대신 내보냈고, 결국 그녀를 아내로 맞이하는 데 성공했지요. 하지만 이 사실을 모르고 파올로를 흠모하여 시집 온 프란체스카는 뒤늦게 자신이 결혼하게 된 말라테스를 보고 놀라움을 감추지 못합니다.

어느 날 남편이 여행을 떠나 성을 비웠을 때였어요. 《아서왕 이야기》를 함께 읽고 있던 프란체스카와 파올로는 원탁의 기사 랜슬롯과 왕비 귀네비어가 사랑을 나누는 대목이 나오자 열정을 이기지 못해 와락 서로 껴안았습니다. 그리고 두 영혼은 서로 껴안은 채 단테에게 말합니다.

"비참한 가운데서 행복했던 한때를 추억하는 것처럼 커다란 슬픔은 없습니다. 만일 우리의 사랑이 어떻게 시작되었는가를 아신다면……."

그들이 운명처럼 나누었던 첫 키스 이야기를 들은 단테는 마치 죽은 사람처럼 쓰러져 엎드렸어요. 아름다우면서도 깊은 연민이 느껴졌기 때문입니다.

예술로 보는 세계사 이야기

전 세계에 퍼진 이별의 노래
올드 랭 사인

세계에서 가장 널리 알려진 이별의 노래는 〈올드 랭 사인〉입니다. 이 노래는 본래 스코틀랜드 민요인데, 로버트 번스가 시집에 실은 후로 유명해졌어요. 우리나라에서는 〈석별의 정〉으로 불리며, 한때는 애국가로도 불렸답니다. 반주만 들어도 가슴이 뭉클해지는 〈올드 랭 사인〉을 꼭 들어 보세요.

〈올드 랭 사인〉 악보

'오랫동안 사귀었던 정든 내 친구여. 작별이란 웬 말인가 가야만 하는가'라는 가사의 이별 노래 〈석별의 정〉을 들어 봤을 거예요. 이 노래의 원래 이름은 〈올드 랭 사인〉으로 스코틀랜드의 민요입니다. '올드 랭 사인'이란 '항상 그리운 옛날'이란 뜻이에요. 애국가가 만들어지기 전에는 우리나라 국가로 쓰이기도 했던 노래입니다.

이 노래가 이처럼 유명해진 것은 스코틀랜드의 대표적 민중시인 로버트 번스(1759~1796)가 1788년에 낸 시집에

〈올드 랭 사인〉으로 유명한 스코틀랜드의 시인 로버트 번스

실리면서부터입니다. 스코틀랜드 서남부의 가난한 농가에서 태어난 번스는 어려서부터 힘든 농사일을 하면서 자랄 수밖에 없었어요. 어린 번스의 허리는 굽어만 갔고 두통과 우울증에 몹시 괴로워했습니다.

그는 이런 힘든 생활을 시를 쓰며 견뎌 냈어요. 그래도 생활이 나아지지 않아 서인도 제도로 이사를 가려고도 해 보았지만 이사할 돈이 없었어요. 그때 한 친구의 권유로 그동안 썼던 시를 책으로 출판하게 됩니다.

그의 시는 순식간에 퍼져 나갔고, 스코틀랜드는 물론 다른 나라에서도 널리 애송되기 시작했어요. 번스의 처지와 같았던 노동자나 그보다 못한 사람들까지도 푼돈을 몽땅 털어서 그의 시집을 샀던 것입니다.

그러나 번스는 불행했어요. 시집을 출판하여 번 돈으로 결혼을 했지만 농장을 경영하다 실패하여 모두 탕진했거든요. 만년에는 술독에 빠져 건강을 해쳤고, 세

상에서도 점차 잊혀져 갔습니다.

전 세계의 많은 나라에서 이별의 노래로 불리고 있는 〈올드 랭 사인〉은 스코틀랜드의 자연과 민중에 대한 번스의 진한 애정에서 탄생한 것입니다. 처음에는 이 가사에 다른 곡조가 붙여졌으나 훗날 시의 내용에 걸맞은 지금의 곡조로 바뀌었어요.

다른 나라의 사람들까지도 향수에 젖게 하는 노래이니 스코틀랜드 사람들에게는 얼마나 큰 영향을 주는 노래인

글래스고 조지 광장에 있는 로버트 번스 동상

지 상상하지 않아도 알 수 있겠지요. 스코틀랜드에서는 친한 사람끼리 어울리다가 헤어질 때면 꼭 이 노래를 부릅니다. 그때 모든 사람들이 왼손을 오른쪽으로, 오른손을 왼쪽으로 엇갈리게 해서 서로의 손을 맞잡고 빙 둘러서지요. 이것은 노래의 마지막 "자, 친구여 내 손이 여기 있네. 자네의 손을 나에게 주게나."라는 구절에서 비롯된 아름다운 풍습입니다.

예술로 보는 세계사 이야기

자유와 독립을 위해 목숨을 걸다
빌헬름 텔의 사과

스위스의 전설의 명궁 빌헬름 텔은 아들의 머리 위에 사과를 놓고 활을 쏘았어요. 다행히 화살로 정확히 사과를 맞혔습니다. 이는 스위스의 자유와 독립을 위해 아들의 목숨을 건 것으로, 여기에서 사과는 혁명의 정신을 상징합니다.

아들의 머리 위에 사과를 놓고 활을 쏘고 있는 빌헬름 텔 — 요제프 크리후버, 1833년

사과는 유럽의 문화와 밀접한 과일입니다. 특히 유럽의 문화를 낳은 네 개의 사과가 있다고 말하기도 합니다. 아담과 이브가 하나님의 계율을 어기고 따 먹은 선악과, 세 여신의 불화를 일으켜 끝내 트로이 전쟁을 불러온 에리스의 황금사과, 만유인력의 힌트를 얻은 뉴턴의 사과, 그리고 스위스의 명궁 빌헬름 텔의 사과가 바로 그것입니다.

첫 번째 사과는 기독교에 의해 서양 사상의 근간을 이룬 헤브라이즘을 뜻하고, 두 번째는 헬레니즘을, 세 번째는 근대 과학을, 그리고 네 번째 사과는 근대의 정치사상을 뜻한다고 해석합니다.

14세기 초 스위스는 합스부르크가가 통치하는 오스트리아의 지배를 받고 있었습니다. 그런데 오스트리아 후국의 군주였던 게슬러의 횡포가 극에 달하자 분노한 백성들이 봉기를 일으켰습니다. 게슬러는 그들의 우두머리를 잡아 처형하고, 오스트리아 후작의 모자를 걸어 놓고는 거기에 절을 해야만 그곳을 지나갈 수 있게 했습니다.

그때 여섯 살 난 아들을 데리고 그곳을 지나가던 명궁 빌헬름 텔이 모자에 절을 하지 않았습니다. 게슬러의 부하들은 즉시 그를 붙잡아 끌고 갔지요. 그동안 텔을 해치우기 위해 갖가지 구실을 찾고 있었던 게슬러는 쾌재를 불렀습니다. 그리고 텔에게 아들의 머리 위에 사과를 올려놓고 화살로 쏘아 그것을 맞히면 살려 주고 그러지 못하면 죽이겠노라고 말했어요.

그렇지만 게슬러의 잔인한 속셈은 성공하지 못했습니다. 텔이 아들의 머리 위에 놓인 사과를 명중시켰기 때문입니다. 그런데 화살을 쏜 직후 텔의 겨드랑이에서 또 다른 화살이 떨어졌어요. 그것을 본 게슬러는 그 화살이 무엇이냐고 물었고 텔은 고개를 들고 당당하게 말했습니다.

"만일 내 아들의 머리 위에 놓인 사과를 명중시키지 못했을 땐 이 화살로 당신

스위스 알트도르프에 있는 빌헬름 텔 동상

을 쏘아 죽일 작정이었소."

그 말을 들은 게슬러는 화가 치밀어 텔을 밧줄로 묶어 배에 태우고 취리히 남쪽 루체른 호반의 성채로 끌고 가서 죽이려 했습니다. 그러나 호수 한복판에 다다를 즈음 갑자기 물결이 거세지면서 배가 전복될 정도로 기우뚱거렸어요. 당황한 게슬러는 텔을 풀어 주고 노를 젓게 했어요. 배가 무사히 호숫가에 이르자 텔은 얼른 뛰어내려 화살로 게슬러를 쏘아 죽였습니다. 이것을 계기로 봉기가 일어나게 되었고, 마침내 스위스는 오스트리아로부터 독립을 쟁취했습니다.

텔이 아들의 머리 위에 놓인 사과를 화살로 쏘아 떨어뜨린 것은 상징적입니다. 사과는 곧 스위스의 자유와 독립을 상징하고, 텔의 아들은 스위스의 다음 세대를 잇는 상징이지요. 곧 텔은 스위스의 자유와 독립을 쟁취하기 위해서 아들의 목숨을 걸었던 것입니다. 이렇게 해석할 때 '빌헬름 텔의 사과'에는 혁명의 정신이 들어 있다고 할 수 있습니다.

예술로 보는 세계사 이야기

14세기 유럽을 바꾼 전염병
흑사병

흑사병은 14세기 중반 유럽에 대유행한 페스트균이 일으키는 급성 전염병입니다. 이 병으로 인해 당시 유럽 인구의 30%가 줄어들었으며, 대규모의 인구 손실로 유럽 경제의 기반을 이루고 있던 장원제도와 봉건제도가 뒤흔들리게 되었습니다.

흑사병은 페스트균에 감염되어 일어나는 전염병입니다. 쥐에 기생하는 벼룩에 의해 사람에게 전파되는 병으로, 살이 검게 썩어 죽는다고 해서 흑사병이라고 해요. 요즘은 의학이 발달해서 쉽게 발병하지 않지만 14세기 유럽에서 발생했을 때에는 전 유럽 인구의 30% 정도가 사망할 정도로 무서운 병이었습니다.

흑사병의 창궐은 유럽 사회를 완전히 바꿔 놓았습니다. 사회 계층이 급격하게 변하였으며, 노동력의 부족으로 임금이 상승했고, 성직자도 대폭 줄어들었지요. 또 공포에 휩싸인 사람들의 심리를 이용하는 미신과 이단이 난무했습니다.

물론 예술도 후퇴했으며 예술가도 많이 희생되었지요. 운이 좋아 살아남은 예술가는 흑사병이 남긴 공포를 표현했을 뿐입니다. 그중 하나가 이탈리아 피렌체 피사의 한 공동묘지에 그려져 있는 〈죽음의 승리〉라는 벽화입니다. 빨강, 파랑의 색깔로 세상의 종말과 지옥의 모습이 그려져 있어요. 처참한 몰골의 거지, 몸이

퉁퉁 부은 시체와 여기저기 널린 해골, 그리고 검은 날개를 활짝 펴고 덤벼드는 죽음의 신이 벽을 장식하고 있습니다.

또 최초의 근대소설로 일컬어지는 보카치오의 〈데카메론〉도 흑사병과 관련이 있

〈죽음의 승리〉 － 피터르 브리헐, 1562년경

는 작품입니다. 여기에는 흑사병을 피해 피렌체를 탈출한 청년 세 명과 처녀 일곱 명이 열흘에 걸쳐 차례로 들려준 100편의 이야기가 실려 있지요. '데카메론'이란 '열흘간의 이야기'라는 뜻입니다.

당시는 가장 향락적인 시대이기도 했어요. 비참한 현실이 오히려 사람들의 의식을 부추겼고, 문예부흥 운동인 르네상스도 그런 상황에서 나온 것입니다. 피렌체의 영주 로렌초 데 메디치는 다음과 같이 노래했습니다.

아름다운 시절은 과연 얼마나 될 것인가
이렇게 빠르게 가 버리다니
즐거움을 찾아서 가는 사람은 그러한 것도 괜찮겠지
내일은 결코 믿을 수 없는 것이니.

예술로 보는 세계사 이야기

군중을 흔드는 선동
하멜른의 피리 부는 사나이

하멜른의 피리 부는 사나이는 흔히 '쥐 잡는 사람의 집'이라고 알려진 건물에 프레스코 화로 장식되어 있습니다. 이 전설은 1284년 하멜른의 어린이들이 이곳을 떠난 사실과 관련하여 16세기에 만들어졌습니다. 전설의 진위를 떠나 '피리 부는 사나이'라고 하면 오늘날에는 군중을 흔드는 선동적인 존재를 뜻하게 되었어요.

피리 부는 사나이가 피리를 불어 쥐들을 강으로 유인하는 모습

'하멜른의 피리 부는 사나이'는 동화와 소설 등으로 널리 알려진 이야기입니다. 특히 그림 형제의 동화는 전 세계 어린이들로부터 오랫동안 많은 사랑을 받아 왔지요.

이 이야기는 중세 독일의 전설에서 유래합니다. 그 옛날 하멜른은 온 천지에 쥐 떼들이 설쳐 골치를 앓았어요. 당국은 이 문제를 해결하는 이에게 거액의 포상금을 주겠다고 약속했습니다. 그런데 어느 날 은빛 피리를 든 이름 모를 사나이가 나타나 자신이 이 도시에 있는 쥐들을 몽땅 잡겠다고 했어요.

사나이가 피리를 불자 모든 쥐들이 그의 주위로 몰려들기 시작했습니다. 쥐들

브라우닝의 시 〈하멜른의 피리 부는 사나이〉 삽화

을 이끌고 마침내 베제르강 가에 이른 사나이는 그 쥐들을 몽땅 강물에 빠져 죽게 했어요. 그러나 시장은 당초의 약속을 어기고 그에게 사례금을 주지 않았습니다. 그러자 사나이는 거리 한복판에서 다시 피리를 불기 시작했어요. 그런데 이번에는 하멜른의 모든 아이들이 그 소리를 듣고 몰려들었습니다. 사나이는 아이들을 코펠베르크산의 중턱에 있는 동굴로 데려갔어요. 모든 아이들이 사나이의 뒤를 따라 동굴로 들어가자 입구가 저절로 닫혀 버렸고, 그 후 아이들은 영영 돌아오지 않았습니다.

이 이야기가 전설이 아닌 실제로 있었던 사건이라고 주장하는 사람들도 있습니다. 그들은 하노버주에 남아 있는 옛 기록이 그것을 증명한다고 주장하지요. 그림 형제는 피리 부는 사나이에 의해 쥐들이 강물에 빠져 죽었다는 이야기와 아이들이 피리 부는 사나이와 함께 사라졌다는 이야기가 한데 어우러져 이런 동화가 만들어졌으며, 아이들이 실종된 때가 1284년 6월 26일이라고 적고 있습니다.

《대영백과사전》에 의하면 이 이야기가 '어린이 십자군'에서 생겨난 전설일 것이라고 합니다. 어린이 십자군이란 십자군 원정 말기, 신의 계시를 받았다는 한 소년에게 이끌려 예루살렘으로 향했던 소년·소녀들을 말합니다. 그들은 예루살렘으로 가는 도중 탈진해 죽거나 노예에게 납치되어 비참하게 사라져 갔다고 해요. 여기에서 이 이야기가 나왔다고 추측한 것입니다.

이 이야기가 사실이든 아니든 여기에는 군중심리의 불가사의한 힘이 적나라하게 그려져 있어요. 피리 소리를 등장시킨 것도 음악이 가장 직접적으로 감각에 호소할 수 있기 때문일 것입니다.

그림 형제의 《그림 동화》

독일 하나우에 있는 그림 형제 동상

독일의 형제 작가로 형은 야코프 그림(1785~1863), 동생은 빌헬름 그림(1786~1859)입니다. 모두 대학교수까지 지냈고, 《그림 동화》를 만들어 세계적으로 유명해졌어요. 《그림 동화》는 옛이야기와 전설을 수집하여 엮었다고 합니다.

예술로 보는 세계사 이야기

푸시킨은 누가 죽였는가?
푸시킨의 종말

〈삶이 그대를 속일지라도〉라는 시로 유명한 러시아 시인 푸시킨은 러시아 근대문학의 시조로 불립니다. 하지만 안타깝게도 결투에 의해 죽음을 맞게 되었어요. 시인이 장교와 결투해서 어떻게 이길 수 있었을까요? 당시 유명했던 그의 결투를 황제도 말리지 않았다는데, 푸시킨을 죽게 한 이유는 무엇이었을까요?

러시아의 국민 시인 푸시킨(1799~1837)의 〈삶이 그대를 속일지라도〉는 누구나 좋아하는 시입니다. 삶의 고달픔을 쉽게, 그리고 아름답게 위로하고 있어서 시대를 초월해 지금까지도 많은 사람들에게 애송되고 있지요.

삶이 그대를 속일지라도
슬퍼하거나 노하지 말라
슬픈 날엔 참고 견디면
즐거운 날이 오고야 말리니
마음은 미래를 사는 것
현재는 슬픈 것

모든 것은 순간적인 것, 지나가는 것이니
그리고 지나가는 것은 훗날 소중하게 되리니.

푸시킨의 시는 자유분방했어요. 이러한 경향은 파란만장한 삶으로 일관하던 그의 초기 작품들에 특히 강하게 나타났습니다. 그러나 그는 점차 사실적으로, 인생을 좀 더 깊이 파악하고 진지하게 생각하게 되었습니다.

그러나 푸시킨은 시인으로서만 살 수 없었습니다. 전제 정치의 칼날 밑에서 허덕이는 러시아 사회를 더 이상 보고 있을 수만은 없었던 그는 점차 정치적 해방이라는 새로운 사상에 젖어들기 시작했는데, 여기에 그의 위대함과 비극이 있습니다.

〈알렉산드르 푸시킨의 초상화〉 - 오레스트 키프렌스키, 1827년

1825년 12월 14일, 수도 상트페테르부르크에서 반란을 일으켰던 데카브리스트 당원들은 푸시킨의 친구들이었어요. 그때 푸시킨은 이미 유폐된 몸이었기 때문에 반란에 가담한다는 것이 불가능했지만 결과적으로 이것은 니콜라이 1세를 비롯한 많은 사람들이 그의 죽음을 방관하는 계기가 되었습니다.

유폐에서 풀려난 푸시킨은 니콜라이 1세의 부름을 받았습니다. 니콜라이 1세는 푸시킨에게 물었어요.

"만일 네가 12월 14일 상트페테르부르크에 있었더라면 반란에 가담했겠느냐?"

푸시킨은 망설이지 않고 대답했어요.

"그렇습니다, 폐하. 제 친구들은 모두 그 반란에 가담하고 있었습니다. 저 또한 마찬가지였을 겁니다."

이 순간부터 러시아 근대문학의 아버지라 일컬어지는 푸시킨의 운명은 정해진 것이나 다름없었던 것입니다.

데카브리스트

1825년 12월 러시아 최초로 근대적인 혁명을 꾀한 혁명가들을 이릅니다. 러시아 어로 12월을 데카브리라고 한 데서 유래하는데, 12월 당원이라고도 해요. 이들은 농노제 폐지, 입헌정치 실시 등을 내세우고 혁명을 꾀했습니다. 비록 실패했지만 러시아 사회에 여러모로 큰 영향을 주었습니다.

예술로 보는 세계사 이야기

죽음 앞으로 걸어간 여섯 사람
칼레의 시민

'칼레의 시민'이란 백년전쟁 때 프랑스의 칼레에서 죽음 앞으로 걸어간 여섯 사람을 이르는 말입니다. 이들은 칼레 시민들을 구하기 위해 자신의 목숨을 기꺼이 내놓은 것이지요. 프랑스의 민족 영웅으로 추앙받는 이들은 놀랍게도 모두 상류층이었어요. 진정한 노블레스 오블리주를 보여 준 예입니다.

〈칼레의 시민〉 - 벤저민 웨스트, 1789년

〈칼레의 시민〉 － 오귀스트 로댕, 1884~1895년

　'칼레의 시민'은 백년전쟁 당시 프랑스의 칼레에서 벌어진 사건을 이르는 말입니다. 1347년 칼레는 영국의 에드워드 3세가 이끄는 군대에 포위를 당했어요. 칼레 시민들은 용맹하게 싸웠으나 역부족으로 항복하지 않을 수 없었습니다.

　영국 왕은 칼레시에 대해서 좋지 않은 감정을 가지고 있었습니다. 칼레는 오래전부터 해적들이 활동하던 본거지였고, 영국의 상선들이 그 해적들에게 수없이 약탈당했기 때문입니다. 그래서 그는 칼레 시민들을 다 죽이려 했지만 주변의 만류로 다른 조건을 제시했어요. 그것은 칼레 시민 여섯 사람을 뽑아 그들로 하여금 머리를 박박 깎고 목에 밧줄을 감고서 거리의 모든 열쇠를 갖고 맨발로 영국 왕 앞에 무릎을 꿇게 하라는 것이었습니다.

　결국 칼레시는 이런 굴욕적인 조건을 받아들였습니다. 그리고 여섯 명의 시민이 동포를 구하겠다고 자발적으로 나섰습니다. 가장 먼저 나선 사람은 우스타슈 드 생 피에르로, 그는 상류층 사람이었어요. 그 뒤를 고위 관료와 상류층 인사들이 따랐습니다. 이들은 영국 왕이 요구한 대로 당당하게 영국 왕 앞에 섰습니다.

영국 왕은 이 여섯 명을 사형에 처할 작정이었지만 곁에 있던 왕비 필리파가 간절하게 만류하여 그들의 목숨을 살려 주었어요. 곧 용감한 시민 여섯 명이 칼레를 구한 것입니다.

백년전쟁 초반에는 영국이 우세했지만 1428년 오를레앙의 처녀 잔 다르크가 출현하면서 전세는 뒤바뀌어, 전쟁은 끝내 영국의 참담한 패배로 끝났습니다.

이 이야기는 예술 작품으로 많이 표현되었습니다. 그중 대표적인 것이 19세기 프랑스의 최고 조각가 로댕이 조각한 〈칼레의 시민〉입니다. 시민들이 목에 밧줄을 매고 자루 옷을 입고 나오는 절망적인 순간을 묘사한 작품입니다. 이후 이들은 애국적인 민족 영웅으로 부각되었어요.

주목할 것은 이들이 모두 상류층 인사였다는 겁니다. 덕망 높고 부유한 사람들이 기꺼이 목숨을 바치겠다고 나선 것은 진정한 노블레스 오블리주를 보여 주는 것입니다.

이야기 속 이야기

노블레스 오블리주

사회 상류층에게 요구되는 수준 높은 도덕적 의무를 가리키는 말입니다. 유럽에서는 널리 퍼진 개념으로 제 1, 2차 세계대전 때, 영국의 고위층 자제들이 다니는 이튼칼리지 출신 중 2,000여 명이 전사한 것이 좋은 예입니다. 국가가 어려울 때일수록 상류층이 앞장서야 하는 것입니다.

예술로 보는 세계사 이야기

주여, 어디로 가시나이까?
쿠오바디스, 도미네?

> 폴란드의 소설가 시엔키에비치의 〈쿠오바디스〉는 로마를 무대로 네로 시대의 기독교 박해와 순교를 그린 소설입니다. 당시의 실상을 놀라운 상상력으로 재현해 내어 많은 감동을 주고 있어요. 오늘날 '쿠오바디스, 도미네?'라는 말은 어려움과 시련을 극복하고자 할 때 사용하는 말이 되었습니다.

'쿠오바디스, 도미네?'

'쿠오바디스'는 그간 소설이나 영화의 제목으로 한두 번쯤은 접했을 텐데, 이 말이 '주여, 어디로 가시나이까?'라는 뜻이라는 것은 모르는 이가 많습니다. 이 말은 폴란드의 작가 시엔키에비치(1846~1916)가 로마를 무대로 네로 시대의 기독교 박해와 순교를 그린 소설 〈쿠오바디스〉에서 유래해요. 시엔키에비치는 이 작품으로 1905년 노벨문학상을 수상했습니다.

예수님이 죽고 난 후 수세기 동안 기독교는 고난의 가시밭길을 걸어왔습니다. 당시의 로마 제국은 정치를 비롯한 모든 분야에서 안정을 누렸고, 황제를 둘러싼 귀족들은 화려한 생활을 만끽하고 있었어요. 궁전이나 귀족들의 저택에서는 날이 면 날마다 성대한 파티가 열렸고, 수용 인원이 무려 5만 명이나 되는 원형 경기장에서는 포로나 노예들에게 결투를 벌이게 하고 이것을 광적으로 즐기는 일이 매일 이어지고 있었습니다. 이렇게 살아가는 사람들에게 금욕을 권하고 자신을 반성하게 하는 기독교는 환영받을 리가 없었지요.

그러나 학대받는 농민이나 노예들에게 기독교는 한 줄기 빛과 같은 것이었습니다. 기독교가 이들의 열렬한 지지를 받으면서 점차 민중 속으로 파고들자 권력자들의 혹독한 탄압이 시작되었어요. 그 실상이 바로 시엔키에비치의 소설에서 생생하게 묘사되어 있습니다.

탄압을 견디다 못한 기독교도들은 끝내 무리를 지어 로마를 빠져나가기 시작했어요. 그런 무리들 틈에 열두 사도의 한 사람인 베드로도 끼어 있었습니다. 그는 모든 기독교도들이 로마를 떠나더라도 자신만은 남을 것이라고 했으나 어쩔 수

미국판 《쿠오바디스》의 표지(1897년)

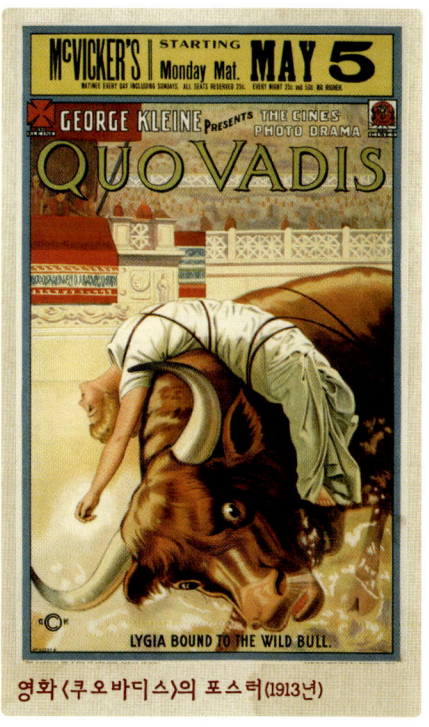

영화 《쿠오바디스》의 포스터(1913년)

〈쿠오바디스, 도미네?〉 - 안니발레 카라치, 1602년

없이 떠나는 중이었습니다.

베드로는 새벽녘에 아비안 가도를 걷고 있었습니다. 새벽이 지나자 해가 떠오르기 시작했지요. 퍼지는 햇살을 바라보던 베드로는 그 속에서 그리스도의 모습을 발견하고는 그 자리에서 무릎을 꿇고 말했어요.

"쿠오바디스, 도미네?"

그러자 예수님이 말했어요.

"네가 나의 백성을 버리고 떠난다면 내가 로마로 가서 다시 한 번 십자가에 못 박히겠다."

〈헨리크 시엔키에비치〉
- 카지미에르 모다세비치, 1899년

그 말을 들은 베드로는 자리에서 일어나 로마로 되돌아갔습니다. 그러고는 로마인들에게 붙잡혀 십자가에 못 박히게 되지요. 소설은 폭군 네로가 자살하는 것으로 끝을 맺습니다.

베드로 대성당은 지금도 여전히 바티칸 꼭대기에서 로마와 전 세계를 굽어보고 있습니다. 옛 카나페 문에서 얼마 떨어지지 않은 곳에는 작은 예배당이 하나 남아 있는데, 문 앞에는 희미한 글자로 이렇게 쓰여 있습니다.

'쿠오바디스, 도미네?'

시엔키에비치는 이 소설로 당시 러시아의 지배하에 고통받던 폴란드 동포에게 용기와 희망을 심어 주었습니다. 하지만 1916년 11월 15일, 시엔키에비치는 끝내 조국 땅을 밟지 못하고 스위스의 길거리에서 객사했습니다.

5
RELIGION

종교로 보는
세계사 이야기

종교로 보는 세계사 이야기

이스라엘의 전성기를 이끈 지혜의 왕
솔로몬의 지혜

솔로몬은 기원전 10세기 전후에 부왕 다윗의 명에 의하여 그 후계자가 된 이스라엘 왕국 제3대 왕이에요. 흔히 '지혜의 왕'으로 불리는데, 대외 평화에 힘을 쏟아 이스라엘 왕국의 전성기를 이룩했습니다.

솔로몬은 약 3,000년 전 이스라엘 왕국의 왕으로 흔히 '지혜의 왕'으로 불리는데, 구약성서의 〈열왕기상〉 4장 29~30절에는 다음과 같이 적혀 있습니다.

"여호와께서 솔로몬에게 지혜와 총명을 주셨고 또 넓은 마음을 주셨으니 바닷가의 모래알과 같도다. 솔로몬의 지혜는 동양인들의 지혜와 이집트의 지혜보다 뛰어나니라."

솔로몬은 문학적 재능이 뛰어나 시를 무려 1,500편, 잠언을 3,000편이나 썼다고 전해집니다. 〈잠언〉에는 그의 작품이 많다고 하지만 학자들은 대부분 그의 것이 아니라고도 해요. 한편 그는 식물학에도 조예가 깊어 '식물에 관해서 이야기하면 레바논의 향백나무로부터 울타리의 이끼까지 모르는 것이 없었다'라고 칭송받았어요. 또 동물에 관해서도 해박한 지식을 갖고 있었습니다.

솔로몬과 관련된 일화는 많지만, 가장 대표적인 것이 다음의 이야기입니다.

솔로몬의 지혜를 보여 주는 〈솔로몬의 재판〉 - 안툰 클래슨스, 1605~1613년

한 집에 살고 있던 두 여자가 사흘 간격으로 각각 아이를 낳았습니다. 그런데 나중에 아이를 낳은 여자는 잠버릇이 고약해 아이를 안고 자다가 그만 질식시켜 죽게 하였어요. 여자는 다른 여자가 낳은 아이를 죽은 자기 아이와 바꿔 놓고는 아무 일도 없었던 것처럼 잠을 잤습니다.

아침이 되자 싸움이 일어났고, 서로 살아 있는 아기가 자기 아이라고 주장했습니다. 입씨름을 계속하던 그들은 솔로몬을 찾아갔어요. 솔로몬왕 앞에서도 두 여자가 계속 싸우자 그들을 가만히 보고 있던 솔로몬왕이 부하에게 소리쳤어요.

"칼을 뽑아라!"

부하가 칼을 뽑자 솔로몬은 엄숙하게 명령했습니다.

"아이를 둘로 잘라 저 여자들에게 반씩 나누어 주어라."

그러자 아이의 진짜 어머니는 얼굴이 새파랗게 질려 솔로몬에게 애원했어요.

"제발 아이를 자르지 마시고 저 여자에게 주십시오."

그러나 다른 여자는 의기양양하게 말했습니다.

"아닙니다. 분부대로 둘로 잘라서 나눠 주십시오."

그때 솔로몬왕은 말했습니다.

"아이를 자르지 말라고 한 여인에게 저 아이를 주어라. 바로 저 여자의 아이이니라."

이처럼 솔로몬왕은 현명한 판결을 내렸고, 지혜의 왕으로 널리 알려지게 되었답니다.

이야기 속 이야기

솔로몬과 시바의 여왕

솔로몬의 명성을 들은 에티오피아의 시바 여왕은 어려운 수수께끼를 준비하여 솔로몬을 찾아왔어요. 그러나 솔로몬은 여왕이 내는 수수께끼들을 척척 알아맞혔습니다. 솔로몬의 지혜에 탄복한 시바 여왕은 많은 선물을 주고 돌아갔는데, 이후 솔로몬의 아이를 낳았습니다. 에티오피아의 솔로몬 왕조를 연 메넬리크 황제가 바로 솔로몬의 자손이라고 합니다.

종교로 보는 세계사 이야기

이것은 내 몸이고 내 피이니라
최후의 만찬

최후의 만찬은 예수님이 수난을 당하기 전날 밤에 제자들과 함께 가진 만찬을 말합니다. 성경에 의하면 예수님은 유다의 배신을 모두에게 일러 주고, 빵과 포도주로써 제자들을 축복했다고 하지요. 이후 최후의 만찬이라는 말은 결전이나 죽음을 앞두고 먹는 식사를 뜻하게 되었습니다.

최후의 만찬은 예수님이 십자가에 달려 돌아가시기 전 열두 명의 제자들과 함께 식사를 한 것을 말합니다. 〈마태복음〉, 〈마가복음〉, 〈누가복음〉, 〈요한복음〉 등 성경의 여러 곳에 그 이야기가 나옵니다. 〈마태복음〉의 기록을 토대로 최후의 만찬에 대해 살펴보면 다음과 같습니다.

예수님을 따르는 사람들이 눈덩이처럼 불어나자 대제사장은 무슨 방법을 써서라도 예수님을 죄인으로 몰아 십자가에 매달려고 기회만 엿보고 있었습니다. 그러다 예수님의 제자 유다를 은 30냥에 매수해 예수님을 넘겨받기로 했습니다.

예수님은 유다가 배신한 것을 알고 있었습니다. 예수님은 유월절의 식사를 열두 제자와 함께 하겠노라고 말했고, 드디어 만찬이 시작되자 예수님은 말했어요.

"여기에 있는 너희들 중 하나가 나를 배반할 것이다."

그 이야기에 제자들은 모두 놀랐습니다. 예수님은 다시 말했습니다.

"지금 나와 함께 그릇에 손을 넣고 있는 사람이 나를 대제사장에게 팔아넘길 것이다. 사람의 아들은 성서에 적힌 대로 죽음의 길을 가지만 사람의 아들을 배반한 사람은 그 죄를 받을 것이다. 그 사람은 차라리 세상에 태어나지 않았으면 좋았을 것이다."

뜨끔해진 유다가 조그만 소리로 말했어요.

"설마 저는 아니겠지요?"

그러자 예수님이 말했습니다.

"바로 너다!"

〈최후의 만찬〉
– 레오나르도 다빈치, 1495~1497년

한편 〈요한복음〉에는 약간 다르게 기록되어 있습니다. 제자들이 주님을 팔아넘기는 자가 누구냐고 묻자 예수님은 "내가 빵을 적셔 줄 사람이다." 하며 한 조각의 빵을 포도주에 적셔서 시몬 베드로의 아들 유다에게 주었습니다. 그러자 유다는 서둘러 그 자리를 떠났다고 합니다.

예수님은 빵을 잘라서 제자들에게 나누어 주며 "받아라, 이것은 내 몸이니라"라고 말했고, 다시 포도주를 따라 주면서 "잔을 받아라. 이것이 내 피이니라"라고 말했습니다.

유월절 전날 밤, 예수님은 대야에 물을 담아 제자들의 발을 씻겨 주었습니다. 제자들이 당황하자, 예수님은 "너희들의 몸은 깨끗하지만 발은 아직 깨끗하지 않기 때문"이라며, "너희들 모두가 깨끗한 것은 아니다"라고 덧붙였습니다.

이후 예수님이 십자가에 못 박혀 죽었다는 소식을 들은 유다는 죄책감을 견디지 못하고 스스로 목을 매어 예수님의 뒤를 따랐습니다.

미사는 최후의 만찬 의식

최후의 만찬 형식을 띠는 성당의 미사

성당에서 하는 미사는 예수님의 최후의 만찬을 기념하여 행하는 제사 의식입니다. 5세기부터 로마 가톨릭 교회에서 예수님의 십자가상의 제사를 재현한 것으로, 최후의 만찬 형식으로 교회 안에 물려준 것이에요.

종교로 보는 세계사 이야기

삼손과 델릴라
삼손의 복수

> 신으로부터 괴력을 받은 삼손은 블레셋(고대 팔레스타인 민족 중 하나)의 지배로부터 이스라엘 민족을 구합니다. 하지만 델릴라의 유혹에 빠져 힘의 원천인 머리카락을 잘리고 포로가 됩니다. 마지막에 신에게 기도를 드려 괴력을 회복하고, 신전의 돌기둥을 무너뜨려 적과 함께 최후를 맞습니다.

삼손은 성경에 등장하는 인물 중 가장 드라마틱한 인물입니다. 천하장사로 이스라엘을 구하고 영웅이 되지만 델릴라의 꾐에 빠져 힘을 잃고 두 눈알을 뽑히게 되지요. 하지만 끝내 적을 송두리째 물리치는 영웅입니다.

삼손은 성장하여 블레셋 여인과 결혼을 하게 되었어요. 당시의 관습대로 삼손은 블레셋 사람에게 수수께끼를 냈습니다. 7일 내로 수수께끼를 풀면 삼손이 그 대가를 치러야 하는데, 7일이 다 되어도 풀지 못하자 블레셋 사람들은 신부를 협박했어요. 그리고 종족의 협박을 이기지 못한 신부가 정답을 귀띔해 주자 삼손은 난처해졌습니다.

수수께끼를 푼 대가를 마련하기 위해 삼손이 집을 비운 사이 신부의 아버지는 딸을 잔치에 참석한 다른 젊은이와 결혼시켜 버렸습니다. 삼손이 돌아오자 신부의 아버지는 삼손이 자기 딸을 싫어하는 줄 알고 그랬다며 둘째 딸과 결혼하라고 권했어요. 마음이 상한 삼손은 블레셋 사람들에게 복수하겠다며 여우 300마리의 꼬리에 불을 붙여 밀밭과 올리브 밭을 전부 불살랐습니다.

그러자 이번에는 블레셋 사람들이 몰려와 신부와 그 아버지를 불태워 죽이는 일이 일어났어요. 이 사실을 뒤늦게 안 삼손은 블레셋 사람들을 마구 죽이고는 산으로 도망갔습니다. 블레셋의 통치를 받고 있던 이스라엘 사람들은 명령에 따라 삼손을 밧줄로 묶어 끌고 왔어요. 그러나 블레셋 사람들이 떼를 지어 달려드는 순간, 신이 삼손의 몸을 묶은 밧줄을 끊어 주었어요. 이에 용기를 얻은 삼손은 당나귀의 턱뼈를 주워 들고 1,000여 명의 블레셋 사람을 죽였고, 이리하여 삼손은 20

델릴라의 꾐에 빠져 머리카락을 잘리게 되는 삼손을 그린 〈삼손과 델릴라〉 - 구에르치노, 1654년

여 년 동안이나 블레셋의 지배하에 있던 이스라엘 백성들을 구하고 지도자가 되었습니다.

삼손은 델릴라라는 여자를 사랑했어요. 블레셋 사람들은 은화 1,100개로 델릴라를 매수하여 삼손의 괴력이 어디서 나오는지 그 비밀을 알아내게 했지요. 델릴라는 그의 괴력이 머리카락에서 나온다는 사실을 알고, 삼손을 자기 무릎에서 잠들게 한 뒤 사람을 불러 머리카락을 잘라 버렸어요. 그래서 블레셋 사람들이 왔을 때 삼손은 힘 한번 써 보지 못하고 끌려갈 수밖에 없었습니다.

〈삼손과 델릴라〉 - 피터 폴 루벤스, 1609~1610년

삼손은 양쪽 눈을 잃고 청동 족쇄를 찬 채 감옥에서 맷돌을 돌리는 신세가 되었어요. 그러나 머리카락이 자라면서 그의 힘은 회복되기 시작했습니다. 이 사실을 전혀 모르는 블레셋 사람들은 자기들의 신이 삼손을 넘겨주었다며 성대한 감사 축제를 열고 삼손을 감옥에서 끌어냈어요.

삼손은 자신의 손을 잡고 있는 소년에게 "이 궁전의 가장 큰 기둥에 나를 묶어 다오."라고 부탁했습니다. 그곳에는 블레셋의 우두머리들을 비롯하여 많은 사람들이 모여 있었지요. 기둥을 더듬어 찾은 삼손은 큰 소리로 신에게 기도했습니다.

"오오, 여호와여! 제발 저를 도와주소서. 두 눈을 잃은 저에게 단 한 번만 힘을 주시어 블레셋 사람들로부터 이스라엘을 구하게 하소서."

삼손이 힘을 주자 궁전의 거대한 기둥이 쑤욱 뽑혔어요. 그러자 돌 더미가 무너져 내려 궁전 안에 있던 모든 블레셋 사람들을 덮쳤고, 삼손은 복수를 하게 되었답니다.

> 종교로 보는 세계사 이야기

아론의 지팡이

모세의 형 아론

성경에는 아론의 지팡이 이야기가 나옵니다. 모세가 이스라엘 백성을 이끌고 이집트에서 가나안으로 떠날 때 이집트 왕 바로 앞에서 이적을 보여 준 지팡이예요. 이 지팡이는 또 대제사장의 직무를 수행하는 데 합법성을 입증한다는 의미도 있어요.

성경에는 여러 가지 기적이 나옵니다. 아론의 지팡이 이야기도 그중 하나예요. 모세는 이스라엘 백성을 이끌고 이집트 땅에서 가나안으로 떠나려 했지만 쉬운 일이 아니었어요. 60만 명이나 되는 이스라엘 백성들 대부분은 이집트의 노예였기 때문입니다. 그들이 모두 이집트를 빠져나가면 이집트는 막대한 손실을 입게 되므로 이집트 왕 바로가 이를 허락하지 않았지요.

그러자 모세는 이 사실을 여호와께 아뢰었어요. 여호와는 바로를 꼼짝 못하게 해 놓는 수밖에 없다 생각하고 모세의 형인 아론에게 지팡이를 사용하게 했어요. 여호와는 아론의 지팡이를 바로왕 앞에 던지면 뱀이 될 거라고 알려 주었고, 아론이 지팡이를 던지자, 지팡이는 정말 뱀으로 변했어요. 그걸 본 바로왕의 마술사도 그의 지팡이를 던졌더니 그것도 뱀이 되었어요. 하지만 아론의 뱀은 그 뱀을 재빨리 삼켜 버렸습니다. 그러나 바로는 그 정도로 물러서지 않았습니다.

여호와는 다시 강물에 지팡이를 던지면 강물이 피로 변할 거라고 말해 주었고, 아론이 지팡이를 던지자 정말 강물이 피로 변했어요. 호수나 연못의 물도 피로 변하여 물고기들이 죽고 사람들은 마실 물이 없어서 곤욕을 치렀습니다. 그럼에도 바로왕은 항복하지 않았어요.

아론의 지팡이가 개구리, 벼룩과 모기로 변해 이집트를 뒤덮어 전염병 때문에 짐승들의 피부에서 고름이 흐르고 냄새가 진동해도 바로는 굴복하지 않았습니다. 또 돌덩어리 같은 우박이 떨어져 가축이 죽고 전 국토를 헤집어도, 메뚜기 떼가 농작물을 모두 망쳐 놓아도 마찬가지였어요.

마침내 여호와는 최후의 수단으로 사흘 동안 이집트 전역을 암흑세계로 만들었어요. 그러자 마침내 바로도 손을 들 수밖에 없었지요. 이에 모세가 총사령관, 아

뱀으로 변한 아론의 지팡이

론이 부사령관이 되어 이스라엘 백성들을 이끌고 대이동을 시작했습니다.

성경 〈민수기〉에는 다음과 같은 이야기도 나와요. 여호와가 이스라엘 열두 가문의 사람들에게 지팡이 하나씩을 갖도록 명령했습니다. 아론의 지팡이도 그중의 하나였는데, 다른 가문의 지팡이와는 달리 싹이 트고 봉오리가 맺히더니 꽃이 피고 편도 열매가 영글었어요. 신이 아론에게 준 지팡이는 다른 가문에 내린 것과는 달랐던 것입니다. 사람들이 놀라워하자 여호와는 모세에게 말했어요.

"너는 아론의 지팡이를 율법을 넣어 둔 상자 앞에 간직했다가 나나 너의 명령을 어기는 자를 징계하여 근신케 하라. 끝내 어기는 사람은 그 지팡이로 인해 죽게 될 것이다."

아론은 그리하여 이스라엘 최초로 제사장이 되었고, 이렇게 기적을 행한 아론의 지팡이는 한편으론 대제사장의 직무를 의미하기도 한답니다.

종교로 보는 세계사 이야기

한 알의 밀알이 땅에 떨어져
한 알의 밀알

'한 알의 밀알'이라는 말은 우리 주변에서도 많이 쓰는 말로, 큰 영광을 위한 희생을 뜻합니다. 이 말은 예수님이 죽을 날이 가까워졌을 때 군중들에게 한 말이에요. 예수님 스스로도 한 알의 밀알이 되어 자신의 희생으로 수많은 생명을 구했어요.

밀알이 땅에 떨어져 썩지 않으면 그대로 남아 있지만, 썩고 나면 뒷날 싹이 나 자라서 열매를 맺습니다. 이것은 예수님이 돌아가시기 전에 사람들에게 한 말이라고 해요. 누구든 살려고 하는 사람은 죽을 것이며, 목숨을 버리려고 하는 사람은 오히려 살아 영원한 생명을 누린다는 것을 한 알의 밀알에 비유한 것입니다.

성경에 보면 예수님은 자신이 죽을 날이 가까웠음을 알고 베다니로 향합니다. 베다니에는 예수님이 죽음에서 구해 낸 나사로라는 사람이 살고 있었어요. 나사로는 예수님을 맞이하여 잔치를 베풀었고, 이에 많은 사람들이 베다니로 몰려왔습니다. 예수님은 물론 나사로도 보기 위해서입니다. 그러나 베다니의 대제사장은 예수님과 나사로를 죽이겠다는 결정을 내렸습니다. 나사로가 예수님 덕택에 다시 살아나는 바람에 더욱 많은 유태인들이 예수님을 믿게 되었다고 생각했기 때문입니다.

한편 예수님을 보러 온 수많은 사람들은 종려나무를 꺾어 들고 소리 높여 외쳤습니다.

호산나
주님의 이름으로 오신 이여
이스라엘 왕이시여
찬미를 받으소서!

〈나사로의 부활〉 - 오토 판 펜, 1608년

군중들 사이에는 그리스 사람들도 있었습니다. 그들은 예수님의 제자인 빌립에게 예수님을 보게 해 달라고 간청했어요. 이 소식을 듣고 예수님은 말했어요.

"비로소 사람의 아들이 커다란 영광을 받을 때가 왔다. 내 말을 잘 들어 두어라. 밀알이 땅에 떨어져 썩지 않으면 그대로 남아 있고 썩고 나면 뒷날 열매를 맺는다. 누구든 살려고 하는 사람은 죽을 것이며, 자기 목숨을 버리려고 하는 사람은 오히려 살아 영원한 생명을 누릴 것이다. 나를 섬기려는 자는 누구든 나를 따르라. 내가 있는 곳에는 나를 섬기는 사람도 있게 마련이다. 누구든 나를 따르고 나를 섬기면 하나님 아버지께서 보살필 것이다. (중략) 아버지, 아버지의 영광을 드러내소서!"

예수님의 말이 끝나자 하늘에서 소리가 들려왔습니다.

"아들아, 이미 나의 영광을 드러냈고 또 앞으로도 그러할 것이다."

그 소리를 들은 군중들은 그것이 천둥소리였다고도 했고, 천사가 예수님에게 한 말이라고도 했습니다. 그러자 예수님이 다시 말했습니다.

"이것은 나를 위한 음성이 아니라 바로 너희들을 위한 음성이다. 지금은 세상이 심판받을 때다."

이야기 속 이야기

빌립은 누구?

예수님의 열두 제자 중 한 사람으로 갈릴리 벳새다에서 태어났어요. 원래는 세례 요한의 제자였을 것으로 생각됩니다. 54년경 소아시아 프리기아 지방에서 예수님과 동일한 방법으로 십자가에 매달려 순교했다고 전해집니다.

종교로 보는 세계사 이야기

성서 속의 성서
산상수훈

산상수훈은 예수님이 선교활동 초기에 그의 제자들과 사람들에게 산 위에서 설교한 내용이에요. 신약성서의 〈마태복음〉 5~7장에 기록되어 있는데, 윤리적 행위에 대한 예수님의 가르침이 집약적으로 잘 드러나 있어요. 그래서 성서 속의 성서라고도 합니다.

　예수님은 여러 곳에서 설교를 하였는데, 그중 유명한 것이 갈릴리의 작은 산 위에서 한 설교인 산상수훈입니다. 산상수훈에 관한 이야기는 신약성서의 〈마태복음〉 5~7장에 나오는데, 기독교인들에게 가장 중요한 기도인 주기도문도 여기에서 유래합니다.

　세례 요한이 감옥에 갇혔다는 소식을 전해 들은 예수님은 나사렛을 떠나 가버나움의 호숫가에 머물면서 사람들의 병을 고쳐 주고 많은 기적을 베풀었어요. 그러자 사람들이 수없이 몰려들었습니다. 어느 날, 예수님은 자신을 따르는 제자들을 데리고 산으로 올라가 설교를 하는데, 이것이 그 유명한 산상수훈입니다.

　행복하여라, 마음이 가난한 사람들이여
　하늘나라가 너희들의 것이니라.

행복하여라, 슬픔에 잠긴 사람들이여
너희들은 위로를 받을 것이니라.
행복하여라, 온유한 사람들이여
너희들은 땅을 차지할 것이니라.

〈산상수훈〉 - 칼 하인리히 블로흐, 1877년

행복하여라, 옳은 일에 주리고 목마른 사람들이여
너희들은 배가 부를 것이니라.
행복하여라, 자비를 베푸는 사람들이여
너희들은 연민을 얻을 것이니라.
행복하여라, 마음이 깨끗한 사람들이여
너희들은 하나님을 볼 것이니라.
행복하여라, 평화를 얻기 위해 일하는 사람들이여
너희들은 하나님의 아들로 일컬음 받을 것이니라.
행복하여라, 옳은 일을 하다가 박해받는 사람들이여
너희에게 하늘나라의 축복이 내릴 것이니라.

이러한 교훈을 내린 예수님은 "너희는 세상의 소금이다. 소금이 만일 짠맛을 잃는다면 무엇을 가지고 짜게 할 수 있겠느냐?"라고 제자들을 격려했습니다. 그 밖에도 "오른손이 죄를 지으면 그 손을 잘라 버려라", "내게 악한 짓을 저지른 사람에게 절대 복수하지 말라", "오른뺨을 때리는 사람이 있거든 왼뺨을 내밀라", "원수를 사랑하고 너희를 박해하는 사람들을 위해 기도하라" 등 많은 교훈을 내렸습니다.

종교로 보는 세계사 이야기

악덕과 퇴폐의 도시
소돔과 고모라

소돔과 고모라는 팔레스타인에 있던 고대 도시로, 악덕과 퇴폐로 물들자 하나님은 벌을 내려 이 도시들을 멸망시켰어요. 그 이후 소돔과 고모라라고 하면 죄악이 가득한 곳을 의미하게 되었답니다.

구약성서의 〈창세기〉 19장에는 소돔과 고모라라는 도시가 나옵니다. 소돔은 지금의 팔레스타인 사해 근방에 있었고 고모라는 요르단 골짜기에 있었는데, 악덕과 퇴폐의 도시로 물들자 하나님이 멸망시켰지요. 이후 소돔과 고모라라고 하면 죄악이 지배하는 곳을 가리키게 되었습니다.

소돔과 고모라에 살고 있는 사람들은 향락에 빠져 죄를 저지르고 마침내 신을 모독하는 큰 죄를 저질렀어요. 그러자 하나님은 그 도시들을 불태워 버리려 했습니다. 이 사실을 안 아브라함은 하나님께 그들을 용서해 달라고 애원했고, 하나님은 소돔과 고모라에 착한 사람이 10명만 있으면 용서해 주겠다고 약속했어요.

그 후 천사들이 하나님의 명령을 받고 소돔의 롯이라는 남자의 집에 들르게 되었습니다. 롯은 천사들을 극진하게 대해 주었지만 마을 사람들이 몰려와 천사들에게 덤벼들었고, 또 롯에게도 폭행을 가하려 했습니다.

이를 본 하나님은 더욱 노해 애초의 계획대로 소돔과 고모라를 멸망시키려고 마음먹었습니다. 천사들은 마음 착한 롯을 구해 주기 위해서 가족을 데리고 빨리 산으로 도망치라고 말했어요. 그리고 어떠한 경우에도 절대 뒤를 돌아보아선 안 되며, 도중에 멈춰서도 안 된다고 당부했습니다.

롯은 천사의 말대로 가족을 데리고 산으로 피신했습니다. 하나님은 유황불로 소돔과 고모라 두 도시는 물론이고 그곳에 사는 사람들까지도 온통 잿더미로 만들었어요. 뒤에서 불길이 치솟고 사람들의 아우성이 들려왔어요. 그러자 롯의 아내는 천사의 말을 어기고 그만 뒤를 돌아보았고, 순간 그 자리에서 소금 기둥으로 변하고 말았습니다.

인간이 다른 모습으로 변한다는 이야기는 신화에서 흔히 볼 수 있지만 성서에서는 매우 이례적인 일입니다.

〈소돔과 고모라의 멸망〉 — 존 마틴, 1852년

소돔과 고모라의 이야기는 전설일 것으로 여겨지지만 고고학자들은 소돔과 고모라가 화산 폭발로 파괴되어 사해 바닥에 있을지도 모른다고 추측하고 있습니다. 실제로 사해 부근의 산은 지금도 소돔산이라고 불립니다.